大家小书

老子其人其书及其学派

詹剑峰 著

老聃　　　　贺飞白 绘

北京出版集团
北京出版社

图书在版编目（CIP）数据

老子其人其书及其学派 / 詹剑峰著 . —— 北京：北京出版社，2023.1
（大家小书）
ISBN 978-7-200-16179-3

Ⅰ. ①老… Ⅱ. ①詹… Ⅲ. ①老子—人物研究 Ⅳ. ①B223.15

中国版本图书馆 CIP 数据核字（2021）第010746号

总　策　划：高立志　　　责任编辑：邓雪梅

· 大家小书 ·

老子其人其书及其学派

LAOZI QI REN QI SHU JI QI XUEPAI

詹剑峰　著

出　　　版	北京出版集团
	北京出版社
地　　　址	北京北三环中路6号
邮　　　编	100120
网　　　址	www.bph.com.cn
总　发　行	北京出版集团
印　　　刷	北京华联印刷有限公司
经　　　销	新华书店
开　　　本	880毫米×1230毫米　1/32
印　　　张	8.875
字　　　数	148千字
版　　　次	2023年1月第1版
印　　　次	2023年1月第1次印刷
书　　　号	ISBN 978-7-200-16179-3
定　　　价	49.90元

如有印装质量问题，由本社负责调换
质量监督电话　010-58572393

参加全国人民代表大会的詹剑峰先生（1964）

总　序

袁行霈

"大家小书",是一个很俏皮的名称。此所谓"大家",包括两方面的含义:一、书的作者是大家;二、书是写给大家看的,是大家的读物。所谓"小书"者,只是就其篇幅而言,篇幅显得小一些罢了。若论学术性则不但不轻,有些倒是相当重。其实,篇幅大小也是相对的,一部书十万字,在今天的印刷条件下,似乎算小书,若在老子、孔子的时代,又何尝就小呢?

编辑这套丛书,有一个用意就是节省读者的时间,让读者在较短的时间内获得较多的知识。在信息爆炸的时代,人们要学的东西太多了。补习,遂成为经常的需要。如果不善于补习,东抓一把,西抓一把,今天补这,明天补那,效果未必很好。如果把读书当成吃补药,还会失去读书时应有的那份从容和快乐。这套丛书每本的篇幅都小,读者即使细细地阅读慢慢地体味，也花不了多少时间，可以充分享受读书的乐趣。如果把它们当成补药来吃也行，剂量小，吃起来方便，消化起来也容易。

我们还有一个用意，就是想做一点文化积累的工作。把那些经过时间考验的、读者认同的著作，搜集到一起印刷出版，使之不至于泯没。有些书曾经畅销一时，但现在已经不容易得到；有些书当时或许没有引起很多人注意，但时间证明它们价值不菲。这两类书都需要挖掘出来，让它们重现光芒。科技类的图书偏重实用，一过时就不会有太多读者了，除了研究科技史的人还要用到之外。人文科学则不然，有许多书是常读常新的。然而，这套丛书也不都是旧书的重版，我们也想请一些著名的学者新写一些学术性和普及性兼备的小书，以满足读者日益增长的需求。

"大家小书"的开本不大，读者可以揣进衣兜里，随时随地掏出来读上几页。在路边等人的时候，在排队买戏票的时候，在车上、在公园里，都可以读。这样的读者多了，会为社会增添一些文化的色彩和学习的气氛，岂不是一件好事吗？

"大家小书"出版在即，出版社同志命我撰序说明原委。既然这套丛书标示书之小，序言当然也应以短小为宜。该说的都说了，就此搁笔吧。

一部正本清源、拨乱反正之作
——读詹剑峰《老子其人其书及其学派》

邓联合

詹剑峰（1902—1982年），安徽婺源（今属江西）人，早年求学于北京国立政法大学，1926年留学法国，其间研读了西方哲学和逻辑学等学科，1932年回国后曾在安徽大学、暨南大学、华中师范大学等校任教，1949年后主要从事中国哲学研究，是一位在中西哲学领域皆有精深造诣的学者。其著作有《哲学概论》《伦理学》《西洋古代哲学史》《逻辑与科学方法》《墨家的形式逻辑》《逻辑纲要》《墨子的哲学与科学》等。

1957年，詹先生写成《老子其人其书及其道论》一书，1963年三易其稿，1966年再次修正并作为定稿，1980年他又一次对书稿进行校改，1982年由湖北人民出版社出版。书稿由初撰到最后出版，凡二十五年，其间多次修改校正，足见先生治学之审慎严谨。该书原有三编：老子其人、其书及其学派；"天道自然"观；"人法自然"论。本次易名出版，保留了原书的大部分内容（尤其是最精彩的第一编），删去了第二编以及第三编中的"'天之道'与人之德"一章。

詹先生出版此书的20世纪80年代初，中国思想界正处于"拨乱反正"的特殊历史阶段，而从古今老子学史来看，詹先生的这本书也可以说是一部拨"乱"反"正"的重要著作。其所拨之"乱"，是指学术史上逐渐形成、积存的关于老子其人其书其学的各种有意无意的妄断和误说。

众所周知，早期道家诸子大都是"神龙见首不见尾"甚至首尾皆不可见的人物，老子亦然。作为"正史"，《史记》中的《老子列传》不过寥寥四百余字——与此形成巨大反差的是，《孔子世家》则有皇皇数千言。司马迁所作的这篇老子本传看似言之凿凿，实则大有可供后人想象、揣度和臆测的空间。应当说，对于老子其人其学，太史公之前的先秦典籍记述不可谓少，但由于这些记述或采取真假难辨的寓言形式（如《庄子》），或实为假托的对话（如《文子》），或只是借以阐说己意的片段引述和诠释（如《韩非子》），或只有极简的片言只语（如《荀子》《吕氏春秋》），所以，即便汇拢所有先秦文献的记述，老子示于后人的似乎仍只是扑朔迷离、歧异错杂而非清晰、完整的真切形象——据《史记》，孔子见老子后，颇服膺其气象之高深宏博，乃有"其犹龙耶"之叹，此之谓乎？

概括而言，关于老子其人、其书、其学，早期文献留给后世的问题主要有三方面：（1）作为道家的立宗者，老子是哪一历史时期的人？与此相关的是一些更为琐细的问题，如老子故里何在？姓甚名谁？他有怎样的生平经历？孔子果真曾问学于老子么？太史公述及的李耳、老莱子、太史儋，哪一个是撰作五千言并创立道家学派的"真老子"？（2）《老子》一书成于何时？其早期貌相如何？其作者是老子本人么？（3）老子思想的实质是什么？其学说的师承授受和演变历程是怎样的？如此等等。有趣的是，这些甚至令今人仍时或感到一头雾水的谜团，唐代以前的学者却并不觉得是"问题"。老子是春秋晚期人，孔子曾向他问学，其著作为《老子》或曰《道德经》，其思想主旨是"无为自化，清静自正"，其后学有关尹、庄子、申不害、韩非等，太史公记述的这些内容长期以来一直都是学者毋庸置疑和争辩的常识或共识，而在同一历史时期内，老子其人、其书、其学在社会政治和思想文化领域也一直居于备受尊崇的地位。

由于李唐皇族的崇奉，老子的尊荣在唐代达到"峰值"，但恰恰是在唐代，情况开始发生了变化。以排佛老、倡道统为己任，韩愈不仅对孔子问学于老子之习说感到愤愤不平，而且痛斥那些接受这种说法的儒者为"乐其诞而自小",用现在的话说就是甘愿信从前人的胡说八道而自我矮化,但韩愈并未拿出反驳习说的理据,徒有愤愤而已。南宋时期,叶适批评孔子问学于老之说乃是黄老学者借孔子以推重其师之辞,他并且认为《老子》的作者必非老聃,著书的老子也不是孔子问学的那个老子。进一步,清代崔述、汪中等学者对孔子问学于老以及老子作《道德经》之说提出了更详细的质疑和辩议。在《洙泗考信录》中,崔述反驳司马迁《老子列传》中对孔子的批评云:"孔子骄乎?多欲乎?有态色与淫志乎?深察以近死而博辩以危身乎?……由是言之,谓老聃告孔子以如是云云者,妄也。"又云:"孔子称述古之贤人及其当时卿大夫,《论语》所载详矣,……何以《论语》反不载其(指老子)一言?"汪中的言下之意是,所谓孔子问学于老实为妄说。汪中则依《礼记·曾子问》的记载,指认老子本是"谨于礼"且"尊信前哲"之人,但《老子》书中却薄礼黜圣,再加上本传所述老子的"隐君子"与王官("周守藏室之史")的身份矛盾等一系列乖违可疑之处,汪中遂断定作五千言的老子应是孔子死后一百二十九年见秦献公的太史儋。换言之,充满异端色彩的五千言的作者并非孔子问学的对象。这实质上也是要否定孔子曾问学于老。

相较于前世,20世纪以来学术界对老子其人其书的歧议、怀疑和否定,更加"花样翻新"而至于"五花八门",诚可谓"有过之无不及"。各派学者的看法集中表现于1949年前后爆发的持续四十多年的激烈论战中。詹剑峰先生自始至终参与了这一论战,因此他的这部书也充满了论战色彩。兹将书中提到的具有代表性的看法略述于下:

关于老子其人:(1)梁启超认为孔、墨、孟均未提及老子,可见老子应是在三者之后的战国人。(2)钱穆认为诸子之学皆"渊源起于儒,始于孔子",所以"老子不得在孔子前"。(3)冯友兰认为李耳为"隐君子",老聃为"古之博大真人"(《庄子·天下》),李耳窃老聃之学以为其学,而司马迁遂"误将老聃及李耳合为一人"。这也就是说,老聃与李耳并不是同一人,太史公所记有误。

关于《老子》其书:(1)张寿林认为其书应在孔、墨后,因为假如孔子不先论"仁","老子将无由而非之";同样道理,必然是墨子先"尚贤",而后才会有老子"不尚贤"的"反动之语"。罗根泽的看法与此相类。(2)冯友兰认为老子之学属战国学派,其书为战国时期作品,因为孔子前无私人著述,加之《老子》为简明之经体,而非问答体,故不得早于《论语》《孟子》《荀子》。(3)钱穆认为其书应在孔、墨以及《孟子》《庄子》《荀子》后,作者为战国人詹何,因为《老子》是辩论体之精者,其深远玄妙之思想风格应后于孔墨之浅近质实,且书中"刍狗"等语词典故、思想概念当取自《庄子》。(4)李泰棻认为《老子》由杨朱写定。(5)杨荣国认为《老子》纯由后人杂袭《庄子》之文而成。(6)郭沫若认为,稷下学者环渊所著"上下篇"即《道德经》,后来关尹将其整理成书。(7)梁启超认为《老子》应作于战国末期,因为书中有些话"太自由、太激烈",并且"王侯""万乘之主""取天下"等文字语气也不像是春秋时人所有。(8)顾颉刚认为《老子》是赋体,成书于《吕氏春秋》与《淮南子》间,因为赋体乃战国末的新兴文体,而且《吕》用老子言,却不称老子之名,故《吕》成书时,《老》尚未成书。(9)刘节认为五千言是《丹书》,出现于西汉文景间。

综合以上看法,再加上司马迁所记,关于老子,就有了春秋时人、战国时人,且老聃即李耳、老聃与李耳并非一人等歧见;关于《老子》的成书时间,乃有春秋、战国、秦汉之际、文景间等异说,其作者或为老聃、李耳、太史儋、杨朱、詹何、环渊及关尹,乃至汉代的方士或道教学者,其文体则或为经体、辩论体、赋体等等。如是各家聚讼不已、莫衷一是,老子其人其书也就在众说纷纭中愈加云里雾里、本相难见了。

依詹剑峰先生之见，后世加诸老子其人其书的上述看法皆为臆测和妄断。有鉴于此，在他的这部正本清源、拨乱反正的著作中，詹先生条分缕析、剥茧抽丝，对诸说逐一进行了驳议和澄清。要言之，为还原和呈现老子其人其书的本相，詹先生所做的工作有三点值得称道：

第一，否弃学派偏见，秉持客观公正、不偏不倚的思想立场。正如詹先生书中所说的那样，韩愈、叶适、崔述、汪中等学者之所以反感乃至怀疑、否定孔子曾问学于老，是因为他们基于儒家的信念和立场，不能更不情愿接受"大成至圣先师"孔子竟然曾以"异端"为师的历史事实。说到底，这背后是儒者的"政治正确"意识即道统观念作祟。钱穆所谓诸子之学皆渊源于儒，故老子应后于孔子的论断同出此辙。冯友兰虽未必有纯正自觉的儒者情怀，但其欲确立孔子为"第一个私人讲学的人，第一个以私人资格提出一个思想体系的人，第一个创立一学派的人"的学术动机，实际上仍带有鲜明的"儒家第一"意识的印痕。

詹先生指出："孔先老后，表面上是一个古书考伪问题，骨子里是儒者为孔子争'元始天尊'的地位。"此论可谓一针见血。事实上，如果撇开或显或隐的儒家道统观念，站在客观公正的立场上来看，叶适、崔述等古儒对孔子问学于老之事的否定，以及钱穆、冯友兰等学者主张的孔先老后之说，乃至他们为此所提供的理据、所作的分析和论证，都是非常牵强附会、莫名其妙的，因此都经不起推敲和反驳。例如，针对钱穆所谓老子深远玄妙、孔墨浅近质实，故"以思想之进程言"，老子当在孔墨之后的论断，詹先生语带嘲讽地批评道："钱穆似乎根本不知道什么是哲学，……根据'钱穆的逻辑'以推：'老子之言深远，而钱穆之言浅陋。以思想的进程言，老子断当在钱穆之后。'"这一推论的荒唐可笑，反过来证明钱穆的理据和分析论证不成立。而钱穆等学者之所以会拿这些似是而非的理据来论证孔先老后，归根结底是由于儒家道统意识的驱动。《庄子·齐物论》有云："随其成心而师之，谁独且无师乎？"庄子所说的"成心"在儒家学者这里，就是他们根深蒂固的道统意识。崔述、钱穆等人的误判与詹剑峰先生的有力反驳，提醒我们注意：在学术研究中，切勿"成心"先行，切勿基于某种未经审视的学派立场去生搬硬套甚至臆造理据。

第二，遵循严缜的逻辑、采用信实的证据。如前所述，詹剑峰先生留学法国期间曾系统学习西方哲学，后又著有《逻辑与科学方法》《墨家的形式逻辑》等书，这表明他受到了现代学术方法的专业训练，并努力将其用于中国哲学研究。现代学术方法其实就是科学方法，而科学方法最关键的要求不外两条：重逻辑、讲证据。20世纪30年代，冯友兰在其两卷本《中国哲学史》第一章的绪论中提出，"科学方法，即是哲学方法"，①"哲学乃理智之产物，哲学家欲成立道理，必以证据证明其所成立"，并且"未有不依逻辑之方法者"。②具体来说，在哲学及哲学史研究中，学者在提出某一理论观点时，务必做到逻辑缜密可靠、证据客观充分。与此相反，中国传统学术往往是信仰、情感、价值观高于逻辑，直觉、想象、个人经验重于证据；由此，学者提出的所谓理论观点亦多是自说自话的主观臆断、神秘体悟或道德表态、信仰宣示。在古今关于老子其人其书问题的争论中，同样可见两种学术方法的差异和冲突。

例如，崔述、梁启超、顾颉刚等学者根据《论语》不载老子一言、孔墨孟均未提及老子、《吕氏春秋》不称老子之名，遂认为老子不是生活于春秋时代，其人应后于孔子乃至后于孟子，其书亦写成较晚，甚至成于战国末。针对这些论断蕴含的推理逻辑，詹先生批评说："一个历史人物的存在与否，竟决定于某个大人物是否提到他。"这显然是不正确的。詹先生进而反问："试看孟子与庄子同时，并且同是大哲学家。然

---

① 冯友兰《中国哲学史》（上册），中华书局1961年，第5页。
② 同上书，第6页。

而《孟子》书中没有片言提到庄子，《庄子》书中也没有只字提到孟子，难道孟子其人就因《庄子》书没提到而不存在或不生活于战国么？难道庄子其人就因《孟子》书没提到而不存在或不生活于战国么？"这真是让崔述等古今学者尴尬且无法回答的问题。

再如，汪中、梁启超等人依《礼记·曾子问》的记载，断言老子应是"拘谨守礼的人"，故不应说"礼者忠信之薄而乱之首"（《老子》第38章）之类的话；熊伟通过分析先秦学术大势，认为春秋末到战国初只能产生讲礼的儒家和反礼的墨家两个学派；罗根泽认为，"倡礼是正，反礼是反；正先于反，不能反先于正"，老子既反礼，故必在孔子后。对此，詹剑峰先生说，这些学者确实下了一番考证苦功，"但以逻辑的论证方法，实在是错误的"。因为严格说来，从老子长于礼的知识和实践，既不能得出他"拘谨守礼"的判断，也不可据此认为他一定不会有反礼的思想。针对熊伟的论断，詹先生质问道："你有什么理由判定那个社会只容孔墨两家的一倡一反，而不容许第三者（老子）发言反礼？"再从证据的角度看，"春秋之中，弑君三十六"，封建礼制早已腐朽不堪，当时闵马父就已有"无礼甚矣"的说法，所以詹剑峰先生认为，老子有反礼的言论其实也是"很自然的现象"，罗根泽所谓"倡礼是正，反礼是反"的逻辑实为有违历史事实的主观臆造。

又如，梁启超推断《老子》成书于战国末的重要证据之一是，"王侯""万乘之主""取天下"等语词以及"仁"与"义"连用，"像不是春秋时人所有"。对此，詹先生遍考《春秋》《国语》《左传》《史记》等典籍，辅以王国维的研究成果，以无可辩驳的文献证据，逐一剖析并指出了梁启超在此问题上的不实之妄。

另外，钱穆认为，《老子》第五章"天地不仁，以万物为刍狗"句中的"刍狗"，是老子用了《庄子·天运》"刍狗之未陈也，盛以箧衍"的典故。对此，詹先生指出"刍狗"本是祭祀所用之物，王弼《老子注》对"刍狗"的解释不当，但钱穆却依据他对王弼诠释动机一厢情愿的猜测，认定王弼虽知《庄子》有"刍狗"之说而不敢用，以证《老》在《庄》后，"这是穿凿附会"的"无稽之谈"。因为，且不论老子著书是否果如后世作文之用典，钱穆把他对王弼诠释动机的猜测作为想当然的推理依据，不仅证据不客观、不充分，逻辑上也是极其扭曲而无法令人信服的。基于同样的原因，詹先生判定："钱穆从文字方面以说明《老子》在《庄子》后的其他九个证据，都是这样。"

第三，把《庄子》《韩非子》《淮南子》以及《礼记》等早期经典作为文献支撑。詹剑峰先生于20世纪80年代初出版此书时，写成于孟子前的郭店楚简《老子》尚未出土；汉初抄写于文帝之前的马王堆帛书《老子》当时虽已面世，且被詹先生列于其参考书目中，但他却并未据此反驳刘节所谓《老子》出现于西汉文景间的说法。在不依赖出土文献的情况下，詹先生对各种妄断和臆测的驳议，主要是凭借《庄子》《韩非子》等早期经典中的有关材料。之所以这样做，是因为这些经典早已为世人耳熟能详，其中对老子其人其学的记载是任何学者都无法否认的，所以可作为坚实可靠的文献支撑。

在《庄子》中，孔子多次问学于老子，杨朱亦曾问学于老，但庄子却褒老而贬杨，这至少说明两点：一是老子与孔子同在春秋时期，且年长于孔子，其学不属于战国学派；二是老子与杨朱的思想差异很大，后者不可能是《老子》一书的作者。在《韩非子》《淮南子》中，作者多次引用并阐发老子的一些言论，这些言论与通行本《老子》相关章句的文字大同小异，这表明《老子》不仅不晚于《吕氏春秋》，而且在韩非子之前就早已成书，甚至早已经典化，且流传广泛。对于儒家学者而言，如果说《庄子》的文章大多只是寓言，其中记述的孔老言行不可确信，那么，儒家经典《礼记》中《曾子问》篇记载的四则孔子问学于老之事，恐怕是连他们自己也不得不承认的事实。更何况，战国末的《吕氏春秋》以及汉初儒家学者所著《韩诗外传》中也都有孔子问学于老的记载。

事实上，司马迁在为老子作传时，正是以审慎的态度有选择地裁取了《庄子》《韩非子》等早期经典中的材料，其所述基本属实。后儒之所以对这些材料视而不见，盖因为《庄子》属道家且书中多有贬损甚至丑化、叱骂孔子之辞，《韩非子》属儒者深恶痛绝的法家，《吕氏春秋》属杂家且与暴秦关系密切，《淮南子》属黄老，这些经典在后儒眼中皆为异端旁门之书，故绝不可接受。顾颉刚、郭沫若等现代学者则程度不同地受到"疑古"之风的熏习，所以他们也不愿信从早期经典的白纸黑字。问题是：记述老子其人其学的早期文献有且只有《庄子》《韩非子》等经典，不接受甚至对其中白纸黑字的记载熟视无睹，便只好转而援取某些捕风捉影、零碎片面的旁证，采用笼统虚泛、主观臆造的逻辑，甚或基于某种未经反思的思想立场，去另立所谓新说了。胡适有名言曰"大胆假设，小心求证"，据此来看后世学者提出的新说：其作为假设可谓大胆，但其求证却并不客观、不充分，其逻辑则不切合实际，故皆为臆断。

如果说老子其人其书的本相是谜底的话，那么古今学者的推断实际上都是在猜谜。按照"谁主张,谁举证"的原则,关键就在于谁能拿出客观充分的证据,以证明其猜测的正确性。恰如胡适所言:"拿证据来","有几分证据,说几分话"。从这个角度说,詹剑峰先生拿出的证据显然比其他学者更多、更可靠,因此其论断更为可信。

通过精审辨析文献、反驳古今臆说,詹先生为我们大致勾描出了老子其人其书的本貌:老子即老聃,生活于春秋晚期,陈国人,仕于周为史官,因遭政治变故,乃去周归居并游历多地,向他问学的颇有其人,孔子就是其中之一。"《老子》书大体自著,经过后人的整编和注解,其中自不免有杂窜。"笔者认为,这些内容虽个别细节仍可进一步探讨、推敲,未必就是不易之论,但相比于前述各种臆测奇说,仍属信实可靠。同时还可以看出,詹先生对老子本貌的澄清、还原,与司马迁所作的"正史"并无较大出入。也正是在此意义上,我们把詹先生的这部书称为拨乱反正之作。另外,特别值得褒赞的是,近年面世的郭店楚简本和北大汉简本《老子》,以及二者与马王堆帛书本、河上公本、王弼本《老子》的文字异同,更加确证了詹先生关于老子其人其书的洞见。

老子的哲学思想除了被关尹、列子、庄子、韩非子等人继承或发挥,战国时期还逐渐与儒、墨、阴阳、法等学派融合,从而形成黄老学；在汉代又与民间方术结合，最终衍生出道教。《汉书·艺文志》把道家思想定位为"君人南面之术"，后世亦多以此看待老子之学，实则汉志所谓"道家"是指汉初的黄老之学，其与老子思想的本旨有很大的不同。詹先生不仅清晰、翔实地梳理了老子思想复杂的历史流变，对其与黄老、道教的根本差异也给出了精到的提点。

北宋以降，儒家动辄以"尚阴谋，弄权术"指斥老子的学术思想。例如，朱熹诬称"老子心最毒"，其学"只是欲得退步占奸"，又说"关机巧便，尽天下之术数者，老氏之失也"；王夫之贬老子为"持机械变诈以徼幸之祖"；钱穆认定老子"内心实充满了功利与权术"，"迹近欺诈"。当代则一度有不少学者从僵化的意识形态出发，断言《老子》一书代表着腐朽的"没落贵族的思想"，是所谓"唯心主义"哲学。对于后世一次次泼向老子思想的脏水，詹先生斩截指出："凡此种种皆当一扫而空。"为此，他在书中同样秉持客观公正的立场，以扎实的文献分析为基础，依循严缜的逻辑、采用信实的证据，拨云驱雾，鞭辟入里，从宇宙论、人生哲学、政治哲学三个方面，逐一批驳各种不实之词，揭示了老子思想的本旨，并在全书结尾处借用范文澜的话，把老子高度评价为古代哲学家中"杰出的无与伦比的伟大哲学家"。

或许是由于詹先生为老子辩诬的心意过切——急于确立老子其人其学的"正面形象",加之难以摆脱特殊时代背景下学术语境的限制,他在书中提出的一些理论观点也不乏失当之处。例如,他认为老子创立了中国天文学上的"浑天说",是唯物主义思想家;又说老子主张原始公有制,其政治思想反映了自耕农阶层或农村公社成员的利益诉求,"具有民主的和社会主义的意味",等等。在今天的学术视野中,这些说法皆有矫枉过正甚至过度拔高之失,值得商榷。

从詹先生此书初版至今,四十年来,伴随着社会文化生活日渐复归常轨,更得益于思想理念、学术方法的更新以及前人未见的出土文献的面世,学术界对老子的研究已取得长足的进步。詹先生的若干看法虽有值得商榷处,但瑕不掩瑜,他为老子其人其书所作的辩诬之功仍然可以说是代表了那个时代的最高水平,即便在整个20世纪的老子学史上,他的这本拨乱反正之书也都是一部影响深远、"可超而不可越"的重要著作。

2022年1月28日 改订于中山大学珠海校区

目 录

001 / **第一章 老子其人**
002 / 第一节 老子在孔、墨后的由来
005 / 第二节 从《史记》检证老子其人
032 / 第三节 从《庄子》检证老子其人
040 / 第四节 从儒家经籍检证老子其人

050 / **第二章 老子其书**
050 / 第一节 《老子》书中哪些思想必是战国时才产生的呢?
065 / 第二节 战国以前无私人著作么?
078 / 第三节 《老子》书成于何时?
093 / 第四节 《老子》书是谁著的?

101 / **第三章 老学的传授与演变**
104 / 第一节 初期老学

119 / 第二节 稷下黄老学派

126 / 第三节 本于黄老的申韩学派

129 / 第四节 秦汉时代黄老之学

136 / 第五节 老学怎样转变为道教?

144 / **第四章 老子的人生哲学**

144 / 第一节 老子的人生观

151 / 第二节 上善

156 / 第三节 实践的道德

167 / 第四节 论摄生

177 / **第五章 老子的政治哲学**

177 / 第一节 老子的社会演变观

185 / 第二节 无为而治

191 / 第三节 反封建

209 / 第四节 公社的复归

226 / 第五节 述评老子的理想国

235 / **附录 参考书目**

243 / **跋**

第一章　老子其人

哲学史上所有哲学家中，就其身后遭遇之离奇者而论，实无过于老子其人，老子本是"自隐无名为务"的隐君子，但后来竟被拉出来充当大唐皇帝——玄元圣祖。他本是以哲学思想来反宗教的第一人，但后来竟成了道教的开山祖师——太上老君。他本是一个反对封建压迫的哲人，但后来竟成了没落贵族思想的代表人物。他本是生活在春秋末期，但一会儿是周幽王时代的贤者[①]，一会儿是生于商王武丁九年[②]，一会儿是神

[①] 高诱《吕氏春秋·重言篇注》："老聃，周史伯阳也。三川竭，知周将亡。"——作者注（本书脚注除另行标注者外均为作者注，下略）

[②] 薛致玄《道德真经藏室纂微开题科文疏》："老子生于商王武丁之九年二月十五日卯时。"

农、黄帝、尧、舜、禹、汤等帝王之师[①]，而现在又是战国时期"博大真人"李耳。老子真可谓是变化莫测的神龙了。由此可见，老子在"老道"的笔下固然是神话中的人物，即在"今儒"的笔下亦依然是神话中的人物。所以要弄清老子的哲学思想，首先要剥去后人给老子披上的神秘外衣，消除后人对老子妄加的歪曲，还他本来的面目。

第一节 老子在孔、墨后的由来

据现存的先秦及两汉的书籍，如《礼记》、《庄子》、《荀子》、《吕氏春秋》、《韩非子》、《韩诗外传》等，都肯定老子是一个哲学家，生活于春秋时代，与孔子同时而略先于孔子，毫无异说。《史记》为老子立传，虽有"以疑传疑"之辞，然终肯定老子为隐君子。迄唐韩愈始痛斥孔子师老子之说，宋儒始疑老子其人，清儒汪中、崔述乃申其说，今儒梁启超、冯友兰等乃肯定老子在孔、墨之后，战国时人。

[①] 杜光庭《道德真经广圣义》："老君历代下降，为帝王师：伏羲时号郁华子，神农时号大成子，祝融时号广寿子，黄帝时号广成子，颛顼时号赤精子，帝喾时号录图子，尧时号尹寿子，禹时号真行子，汤时号锡则子。"这一神话乃据《韩诗外传》"五帝亦有师"编造出来的。

自汉武以后，孔子已成了儒家的教主，不幸还有一个老师老聃压在孔子头上，卫道的儒者当然要气得发抖，如韩愈就曾愤愤不平地说："老者曰：'孔子，吾师之弟子也。'……为孔子者，习闻其说，乐其诞而自小也，亦曰：'吾师亦尝师之云尔。'"（《原道》）近人批评韩愈"卫道有心，论辩无据"（罗根泽《古史辨》第六册自序）。其实韩愈还是老实人，不若"今儒"之捏造史实，而美其名为"大胆假设"。

其后宋儒叶适指出，"孔子赞其（指老子）为龙，则是为黄老学者，借孔子以重其师之辞也"，并断定"教孔子者必非著书之老子，而为此书者，必非礼家所谓老聃，妄人讹而合之尔"。① 黄震则直谓："老子之书，必隐士嫉乱世而思无事者为之。异端之士，私相推尊，过为诬诞。"（黄震《黄氏日抄》，现引自张心澂《伪书通考》）但头脑清醒的儒者尚能实事求是，作出正确的结论，如《朱子语类》载："郭德元问：老子云，'夫礼，忠信之薄，而乱之首'。孔子却又问礼于他，不知何故？文公曰：他晓得礼之曲折。某初间疑有两个老聃，横渠亦意其如此。今看得来不是如此。他曾为柱下史，于礼自是理会得，所以与孔子说得如此好。只是他又说，这个物事不用

---

① 叶适《习学记言》，现引自张心澂《伪书通考》。

得亦可，一似圣人用礼时，反若多事，所以如此说。《礼运》中'谋用是作，而兵由此起'等语，便自有这个意思。"（彭耜《道德真经集注杂说》）朱子说得如此明白，然而近人仍说"朱熹怀疑老聃的教训孔子"，此真知其一而不知其二了。

近代怀疑老聃其人者，有毕沅、汪中、崔述，然其说并不为人所注意。迄1922年，梁启超首先以六个可疑，说《老子》一书有战国产品的嫌疑（梁启超《论〈老子〉书作于战国之末》），其后，钱穆用几个偶见于古籍的人名，瞎缠一通，竟否定老子这个人，其言之荒谬离奇无异杜光庭《释老君事迹氏族降生年代》的荒诞无稽。（钱穆《老子杂辨》，载《先秦诸子系年考辨》）还有冯友兰以三个丐词作为论据，遂把老子列入战国百家争鸣时代的学派（冯友兰《中国哲学史》）。当时推梁氏之波助冯氏之澜者，尚有七八人。梁氏以"疑古""考信"的新面目论证老子在孔墨之后，然夷考其实，却是儒者一脉相承的旧道统观念的表现。盖梁氏私意欲推孔子为中国学术的"元始天尊"，其由来已久。他知道，如果只照老办法力辩老子非孔子之师，实不足取信于人，于是投"疑古"之机，怀疑老子其人其书是出现于战国时代，以达到"尊孔"的目的。钱穆和冯友兰的私意亦然。试举其证：

梁启超在其所拟"中学国史教本改造案目录"中：第146

课,先秦学术(儒家);第147课,其二(道家);第148课,其三(墨家);第149课,其四(法家)。(梁启超《梁任公近著》第一辑)

钱穆说:"时余治诸子,谓其渊源起于儒,始于孔子,而孔子之学见于《论语》、《春秋》。《易系》非孔子书,老子不得在孔子前。"(钱穆《先秦诸子系年考辨·跋》)

冯友兰所著的中国哲学史,始于孔子,终于廖平的经学。在冯友兰笔下,一部中国哲学史竟成了一部儒家思想发展史,孔子及其苗裔在中国学术史上竟如日本万世一系的天皇。稍后,冯氏著《新理学》,毫不讳言,他讲新理学是接着宋儒讲的。他隐然以继承尧、舜、禹、汤、文、武、周公、孔子以及周、程、张、朱一脉相承的道统自命,并以"当时的王者师"自许。

由此可见,孔先老后,表面上是一个古书考伪问题,骨子里是儒者为孔子争"元始天尊"的地位。

记载老子事迹较多的古籍是《史记》、《庄子》及儒家的《礼记》、《孔子家语》。现从这三方面来考察。

第二节 从《史记》检证老子其人

近人推断老子其人及书是出现于战国,其论据多本之于汪中和崔述。而汪中和崔述所怀疑的及其所提出的假设又多依据《史记》。所以我们首先来研究一下《史记》。

（一）《史记》有关老子的记载及对这些记载的分析

老子者，楚苦县厉乡曲仁里人也，姓李氏，名耳，字〔伯阳，谥曰〕聃，周守藏室之史也。孔子适周，将问礼于老子。老子曰："子所言者，其人与其骨皆已朽矣，独其言在耳。且君子得其时则驾，不得其时则蓬累而行。吾闻之，良贾深藏若虚，君子盛德容貌若愚。去子之骄气与多欲、态色与淫志，是皆无益于子之身。吾所以告子者，若是而已。"孔子去，谓弟子曰："鸟，吾知其能飞；鱼，吾知其能游；兽，吾知其能走。走者可以为网，游者可以为纶，飞者可以为矰。至于龙，吾不能知其乘风云而上天。吾今日见老子其犹龙耶！"老子修道德，其学以自隐无名为务。居周久之，见周之衰，乃遂去。至关，关〔令〕尹喜曰："子将隐矣，强为我著书。"于是老子乃著书上下篇，言道德之意五千余言而去。〔莫知其所终。〕或曰，老莱子亦楚人也，著书十五篇，言道家之用，与孔子同时云。盖老子百有六十余岁，或言二百余岁，以其修道而养寿也。自孔子死之后百二十九年，而史记周太史儋见秦献公,曰:"始秦与周合而离,离五百岁而复合,合七十岁而霸王者出焉。"或曰,儋即老子,或曰,非也。世莫知其然否。老子,隐君子也。老子之子名宗,宗为魏将,封于段干。宗子注,注子宫,宫玄孙假。假事于汉孝文帝,而假之子解为胶西王卬太傅,因家于齐焉。世之学老子者则绌儒学,儒学亦绌老子。道不同,不相为谋,岂谓是耶?李耳无为自化,清静自正。(《老庄申韩列传》)

鲁南宫〔敬叔〕言鲁君曰,请与孔子适周。鲁君与之一乘车、两马、一竖子。俱适周,问礼,盖见老子云。辞去,而老子送之曰:"吾闻富贵者送人以财,仁人者送人以言。吾不能富贵,窃仁人之号,送子以言曰,聪明深察而近于死者,好议人者也。博辩广大危其身者,发人之恶者也。为人子者毋以有己,为人臣者毋以有己。"孔子自周反于鲁,弟子稍益进焉。(《孔子世家》)

孔子之所严事者:于周则老子,于卫蘧伯玉,于齐晏平仲,于楚老莱子,于郑子产,于鲁孟公绰。(《仲尼弟子列传》)

现在分析《史记》原文。首先须指出现存"老子传"①，有的地方已被后人窜改，如"字伯阳，谥曰聃"，原文是"字聃"，"伯阳，谥曰"四字是后人妄加。这是姚鼐和王念孙所确切证明的②，我据此类推，可能"莫知其所终"五字亦后人所妄加。因为庄子已述到"有老聃者，免而归居"（《天道》）。"老聃死，秦失吊之"（《养生主》）。司马迁家传"道论"，当熟读《庄子》，焉有不知之理。据唐史，唐室尊老子为玄元圣祖，移《史记》列传以老子为首。唐明皇曾明令："其老君传内，析出韩非，不令同传。"（杜光庭《道德真经广圣义》）而杜光庭疏"马迁谓之隐君子"时，有"西入流沙，不知其终"之语（杜光庭《道德真经广圣义》卷三）。我据此猜度"莫知其所终"一语，乃后人附会老子西行化胡之说造出来的，唐时乃窜入《老子传》内。

第二须指出《史记》没有说定的事，后人加以解释，因而引起无谓的纷争。如《老子传》"乃遂去。至关"，这关在《史记》并没有指定何关，任何周境之关都可。而后之注解者，乃断为函谷关，其后又西推至散关，此则与老子"西入流

---

① 即《老庄申韩列传》，下同。——编者注
② 参考姚鼐《老子章义·序》。王念孙《史记杂志》。

沙"之说有关联。又如《孔子世家》中孔子"适周,问礼,盖见老子",并没确定何一年,而后世之学者想象孔子只与老子会过一次面,因而适周之事亦大起纷争。

第三须指出《史记》载老子告孔子之言,确与老子的思想相符合,但不合小儒迂拘之见,遂被断为"托诸老聃以绌孔子"者。如崔述说:"孔子骄乎?多欲乎?有态色与淫志乎?深察以近死而博辩以危身乎?……由是言之,谓老聃告孔子以如是云云者,妄也。"(《洙泗考信录》)

最后须指出,《史记》常于某一列传内突然插入另一人,附之以传世。如《孟荀列传》末插上"盖墨翟,宋之大夫,善守御,为节用。或曰并孔子时,或曰在孔子后"。《老子传》中间插入"或曰,老莱子亦楚人也,著书十五篇,言道家之用,与孔子同时云"。盖史公亦欲于《老子传》内附上老莱子以传于世而已。但梁启超故意瞎缠,说什么"一个人的传有三个化身,第一个是孔子问礼于老聃,第二个是老莱子"。然而史公说得明明白白、清清楚楚:"孔子之所严事者:于周则老子……于楚老莱子。"(《仲尼弟子列传》)何曾把老聃和老莱子合而为一,又何曾把老莱子当作老聃的化身?梁启超何尝不知道这点?

由此可见,近人据《史记》以怀疑老子其人的论据,多是由误解《史记》,或曲解《史记》,或成见作祟而来。

现在的问题,《史记》中有关老子的记载,哪些是可靠的?哪些是可疑的?哪些是传说?哪些是实事?哪些是史公的论断?能不能从传说中找出一点史实?这就需要仔细的、深入的分析。

我们相信司马迁是中国第一流的历史家,保存了中国史家据实直书的优良传统,如在刘家的天下之下,敢于为项羽作本纪,这就证明司马迁不会歪曲史实,捏造史实。我们相信司马迁"罔罗天下放失旧闻",乃"述故事,整齐其世传","厥协六经异传,整齐百家杂语",以成《史记》。《史记》涉及的方面很广,以一人之力,编成二千几百年的历史,其中自不免有疏失之处。然而司马迁还是比较谨慎,并不是有闻必录。例如,他在《五帝本纪》中说,"百家言黄帝,其文不雅驯……余并论次,择其言尤雅者,故著为本纪书首"。由此以推,司马迁之作《老子传》,本着"信以传信,疑以传疑",并抒己见,加以剪裁和断定。所以我们依据《史记》及其他史籍,是能够推定老子生活于什么时代的。

(二)据《史记》以断定老子生活于春秋末叶

《史记》明白写下:老子"见周之衰,乃遂去"。但一般人都马马虎虎读过,从不发生疑问,老子究竟何时去周呢?夫周之衰久矣!自平王东迁,王纲解纽,政在霸主,到春秋时代,周室一直在衰落过程之中,而《老子传》特提出老子"见周之衰",可见这不是泛指周室的衰弱,而必是特指周室的衰乱。

查一下历史,春秋末叶,周室的衰乱,只有王子朝称兵作乱一事。原来"周景王爱王子朝,欲立之,会崩(公元前520年),子丐之党与之争立,国人立长子猛为王。王子朝因旧官百工之丧职秩者以作乱,攻杀猛"。单子、刘子得晋国的援助,立敬王,王子朝亦自立为王。周室两派贵族进行武装斗争,打来打去,打了五年。公元前516年,晋师大举入周,"召伯盈逐王子朝。王子朝及召氏之族、毛伯得、尹氏固、南宫嚚奉周之典籍以奔楚"。王子朝还发表了一篇冠冕堂皇的文告,声明他为周之礼制作斗争,以求取得诸侯的援助。王子朝虽然逃奔楚国,但周室两派贵族的政治斗争仍继续下去。十一年后,王子朝之徒复作乱,两派贵族又打了三年。综观周室这次内乱,前后十八年,才告平息。据此以推,老子"见周之衰"是目见这一次周室的内乱,故老子去周的时间,大概在公元前520年至前516年之间,尤其是公元前516年,可能性最大。因为王子朝把"周之典籍"带到楚国去了,而老子为周之征藏史,他所管的史籍也会被王子朝带走,因此他被免职归陈或辞职归陈（免而归居）。

我们据"见周之衰，乃遂去"这句话，找出老子去周的年代。我们还要据《史记》所述有关老子的传说，来确定老子究竟活了多久。

《老子传》说："盖老子百有六十余岁，或言二百余岁，以其修道而养寿也。"很显然，这是汉初流行的老子传说。梁启超认为这段话是神话。但我们认为老子活了二百余岁这一传说，是提供研究老子活动的年代的绝好材料，也就是说，提供一个绝好的线索。因为历史传说并非绝无根据，而是把某一点实事加以夸大，其中有伪，但也有真，去伪存真，可以得到某事的一个大概的轮廓。

一个人究竟能活多久？凭我个人记忆所及，1953年我国人口普查的结果，有一人是和马克思同年生；在苏联格鲁吉亚有一万三千二百多人活过一百岁。哲学家中年龄高的，如马相伯活了一百零八岁，杜威活九十八岁。老子究竟活了多少岁？我们不依据"特殊"、"变态"、"偶然"来说明，而借助于科学的解释：

"关于人的寿命究竟有多长，一般科学家认为应该活一百五十岁。有许多学者认为一百五十岁也不是人的寿命的极限，因为据现在所知的一些百岁以上的人多是由于患病而死的,真正尽其天年的'无病而终'的所谓生理死亡,却极为罕见。文献上记载最高寿的老人,有高达一百九十五岁的。"(傅连暲著《养身之道》)

根据逻辑的推理,当然不能据医学家的总结推出老子一定活了二百岁,但文献已记载着老子活了一百六十几岁,也就无法推翻它,因为这不是不可能的。现在又据孔子问礼于老聃,而老聃的语气又是一个老前辈,故可假定老子大孔子二十余岁。而老子的寿命又较长,故可假定老子死在孔子之后的十年左右。孔子的生卒年代是确定的,故可根据孔子的生卒年代来推定老子活动的时代。

孔子生于公元前551年,卒于公元前479年。

准此,老子活动的时代,约在公元前571年(周灵王元年)至公元前477年(周敬王卒年,以后即为六国时代)这近百年之间。

当然,我们也不排斥马叙伦所说"老子生当定王、简王之世"。因为定王即位之年(公元前606年)至敬王逝世之日(公元前477年),一共也只有一百二十九年,老子活了这样多的岁数,也不是不可能的。

我们既从积极方面证明老子活动的时代(公元前571—前477年),也从消极方面批驳近代人各种"疑老"的说法。

（三）关于孔子适周，问礼于老子

《孔子世家》载："鲁南宫〔敬叔〕言鲁君曰，请与孔子适周"一事，系在孔子年十七至年三十之间。这确有疑问。当孔子十七岁的时候，南宫敬叔还没有出世，怎能同孔子俱适周！清儒阎若璩依据《曾子问》孔子从老聃助葬于巷党，适遇日食，遂推断孔子适周是在鲁昭公二十四年（孔子三十四岁）。崔述反驳道："昭公二十四年，孟僖子始卒，敬叔在衰绖之中不应适周。敬叔以昭公十二年生，是年仅十三，亦不能从孔子适周。由是言之，谓敬叔从孔子适周，而鲁君与之车马者，亦妄也。"（《洙泗考信录》）

但据我的研究，司马迁并不知后儒所说〔南宫敬叔〕是孟僖子的儿子，而是另有其人，所以他所记的是："僖子卒，懿子与鲁人〔南宫敬叔〕往学礼焉。"如果这个敬叔是孟僖子的儿子，又何必妄加鲁人两字。既加上鲁人，则表明司马迁知道这个〔敬叔〕并非僖子之子。可能《史记》原作南宫□□，后人依据《左传》篡改为"敬叔"。这个南宫□□是另有其人而非敬叔，那么，崔述以敬叔的生年及居丧来证明孔子适周问礼于老聃为虚妄者，亦尽失其依据；后人对此事的疑问与争论也可解决；而孔子适周，问礼于老聃之事并不假。

据史实推断，孔子适周当在三十一岁以前。因为鲁昭公二十二年（孔子三十二岁），周室已发生内乱，打了五年之久，孔子当然不能于周家两派贵族武装斗争之时去观光问礼。而鲁昭公二十五年（孔子三十五岁），鲁国也发生内乱，昭公出奔，国内无君，孔子因乱适齐，流亡在外者也有几年，自无"鲁君与之一车、两马"之事。而鲁昭公二十六年，周室王子朝已"奉周之典籍以奔楚"，老子也因之免官归居于陈，孔老自无在周相见之理。根据此等实事，我们假设孔子三十岁左右，鲁国有一位南宫先生向鲁君请求同孔子一起到周去观光，鲁君给了他们以物质上的帮助。在周访问的时候，顺便见了老聃。实事大概就是这样的。

既然肯定孔子向老子请教过，由此又发生另一问题，如崔述所质问："孔子称述古之贤人及其当时卿大夫，《论语》所载详矣，……何以《论语》反不载其一言？"（《洙泗考信录》）梁启超也提出同样的疑问："孔子乐道人之善，……墨子、孟子都是极好批评的人……何故始终不提一字？"（《论〈老子〉书作于战国之末》）近时的学者常以《论语》、《墨子》、《孟子》书中没有提到老子来否定老子生活于春秋时代，好像老子其人的存在是决定于孔子、墨子、孟子之一言，而不须取决于历史的实事。一个历史人物的存在与否，竟决定于某个大人物是否提到他，这真是唯心论的方法。试看孟子与庄子同时，并且同是大哲学家。然而《孟子》书中没有片言提到庄子，《庄子》书中也没有只字提到孟子，难道孟子其人就因《庄子》书没提到而不存在或不生活于战国么？难道庄子其人就因《孟子》书没提到而不存在或不生活于战国么？而且"疑老"论者推尊杨朱是道家的开山祖师，然而《史记》这部历史大著提到先秦所有哲学家，竟没有只字提到这个"伟大"哲学家杨朱。根据"疑老"论者的逻辑，杨朱其人必然不存在并不生活于六国时代！

反过来看一看历史上的实事吧，《论语》、《墨子》、《孟子》等书，并不是完全无缺地保存下来的，失去的部分不算少，脱误和窜改的地方也很多，怎样能够根据这些不完全的材料来否定老子生活于春秋时代？

复次，《论语》中真的没有说到老子么？那就不见得了。众所周知，孔子说过"窃比于我老彭"（《述而》）。近人马叙伦详考诸家之解，直谓《论语》之老彭是老子（《老子核诂》）。这就不能一口咬定《论语》中没有提到老子。而且孔子称述古之贤人及当时卿大夫，也称赞过老子。孔子曰："蹈忠而行信，终日言不在尤之内。国无道，处贱不闷，贫而能乐。盖老子之行也。"（《孔子家语·弟子行》）这个赞辞，非常切合老子之为人。试看"终日言不在尤之内",这不和老子所自述"善言无瑕谪"相切合么?"国无道,处贱不闷,贫而能乐",这不和老子"因周之衰","免而归居",仍"被褐怀玉"、"修道而养寿"相符合么?

由此可见,"孔子适周问礼于老聃"这一实事是无法否定的。因此又证明了老子是春秋时代的人物。

(四)关于孔老两家的世系

梁启超把老子的时代推至战国,其最大的根据是《老子传》及《孔子世家》所述老孔两家的世系。梁氏之言曰:"查《孔子世家》孔子十代孙藂为汉高祖将,封蓼侯,十三代孙安国,当汉景武时;前辈的老子八代孙,和后辈孔子的十三代孙同时,未免不合情理,……老子这部书,或者身分很晚,到底在庄周前或在其后,还有商量的余地。"(《论〈老子〉书作于战国之末》)

我们现在来查查《史记》中《老子传》和《孔子世家》,以明孔老的世系。试作两家世系表,以资比较。

孔子世系表

世次	氏名	
一	孔丘	字仲尼
二	孔鲤	鲤之生也,鲁昭公以鲤赐孔子,因以为名,字伯鱼。年五十,先孔子卒
三	孔伋	字子思。鲤之子。受业于曾子,作《中庸》。年六十二而卒
四	孔白	字子上,伋之子。齐威王召以为相,不应。年四十七而卒
五	孔求	字子家,白之子。楚王召之,不应。年四十五而卒
六	孔箕	字子京,求之子。为魏相。年四十六而卒
七	孔穿	字子高,箕之子。楚、赵、魏交聘,不就,著谰言十二篇。年五十一而卒
八	孔慎	字子顺,穿之子。为魏安釐王相,封文信君。年五十七而卒。有子三人:长曰鲋,为陈涉博士,死于陈下;次曰腾;再次曰树
九	孔腾	字子襄,慎之次子也。汉高祖十二年过鲁,以太牢祀孔子,封腾为奉祀君。惠帝征为博士,年五十七而卒
十	孔忠	字子贞,腾之子。文帝征为博士。年五十二而卒
十一	孔武	字子威,忠之子。文帝时为博士
十二	孔延年 孔安国	武之子,武帝时为博士 武之子,武帝时为博士

老子世系表

世次	氏 名	
一	李 耳	字聃，周藏室史
二	李 宗	封于段干，为魏将
三	李 注	宗之子
四	李 宫	注之子
五	（子）	宫之子
六	（丑）	宫之孙
七	（寅）	宫之曾孙
八	李 假	宫之玄孙，仕于汉文帝
九	李 解	假之子，为胶西王卬太傅（汉文帝十五年封卬为胶西王，汉景帝三年国除）

我们查一下《孔子世家》和《老子传》，立刻发现梁启超所说的错误，也许是梁氏的疏忽，也许是梁氏的故弄玄虚。梁氏的第一个错误是《孔子世家》这篇里，并没有孔蕨。（《高祖功臣侯者年表》有蓼侯孔蕨，但也没有说是孔子十代孙。梁氏或有其他根据欤？）第二个错误是从孔子本人起到孔安国只有十二代，怎能说孔安国是孔子十三代孙？从上表看，孔忠、孔武两父子皆被汉文帝征为博士，而李假、李解两父子皆出仕于汉文帝时代，故只能说孔子的第十、第十一代孙与老子的第八、第九代孙同时。乃梁启超歪曲史实，故意说成前辈的老子

八代孙和后辈的孔子十三代孙同时，以证实他的孔、老不同时的成见。而这个孔老几代孙问题，当时曾引起胡适和冯友兰的笔战。胡说："一人的后代，大房与小房之间相差五六辈是可能的。"冯说："要假定孔氏的人都寿短而李氏的人都寿长。"实际上《史记》所载孔、李二家的后代孙并不相差五六辈。而孔子之子孙确短寿，也无须假定。试看孔氏之子孙，从孔鲤到孔忠共九代，除了子思外，有的五十几岁就死了，而孔白、孔求、孔箕四十几岁就死了。当然，我不认为《史记》孔、李两氏世系完全可信，只由于从梁、胡、冯这次争论中取得一点教训：研究学问一定要从第一手材料着手。

照我看，《老子传》中说的"宫玄孙假"确不是作子、孙、曾、玄的玄孙解。而是作远孙解。例如，《左传·僖公二十八年》，"王子虎盟诸侯于王庭，要言曰：'皆奖王室，无相害也，有渝此盟，明神殛之，俾队其师，无克祚国，及而玄孙，无有老幼'"。这里的玄孙，显然不是曾玄的玄孙，而是远孙。再据陈景元在其《道德真经藏室纂微开题》引《老子传》这段原文亦作："宫之远孙假。"可见古本《史记》有作"远孙"者，故陈景元引之如此。由此观之，罗根泽说"玄孙为孙之孙之专称，战国已经成立"，这是无根据的说法，而《老子传》中的玄孙必作远孙解，是有充分证据的。这样一来，则老子世系四百余年间只有九代，问题亦可迎刃而解，至少孔、李后代在汉文帝时相差一二代的问题可以解决。因为远孙，就不必限于第八代。

《老子传》还有一个"宗为魏将"问题，亦即梁启超所说："魏列为诸国，在孔子卒后六十七年。老子既是孔子的先辈，他的世兄还挨得做魏将，已经是奇事。"据我看，并不奇！孔子的弟子子夏既可为魏文侯师，则老子的儿子宗自可为魏将，此虽类比而得的结论，然亦可破梁启超之疑。但梁启超一定反驳，我说的是"魏列为诸国"后的魏将呵。好吧！请听章太炎的话："段干木为魏文师，则宗封段干尚在魏文之先，容在献子、桓子之世，或更在前矣……李宗为将宜与孔子卒时相近。则老子不在孔后，的然无疑。"（章太炎《菿汉微言》）

由此看来，李宗并不是《魏世家》中的段干子或《魏策》中的段干崇。李宗自李宗，段干崇自段干崇，"宗""崇"古音虽相同，然不能以一音之同把两个人混成一人。认李宗就是段干崇，只是混同而已，也可谓之混账。试查孔子世系，孔子的七代孙孔慎已为魏安釐王相，而老子之子宗竟为魏安釐王将，这是万无此理也，可以断定李宗不是段干崇。或者有人反对，说段干崇乃太史儋之子。据我看，这是乱猜，与老子有什么关系呢？我想汪中一定会说，"言道德五千言者是太史儋"，由他的儿子段干崇为魏将而得到历史的证明呵！据我看，这是无稽之谈，评之于下：

（五）老聃不是太史儋

学术史上怀疑老子并主张作道德五千言者是太史儋，并予以详尽的论证者，当推汪中。兹取汪中之言，一一评之于下：

汪中说："老子助葬而遇日食，然且以见星为嫌，止柩以听变，其谨于礼也如是；至其书则曰：'礼者忠信之薄而乱之首也。'下殇之葬，称引周、召、史佚，其尊信前哲也如是；而其书则曰：'圣人不死，大盗不止。'彼此乖违甚矣。其疑一也。"

梁启超亦窃取了这一论据，说："老聃是一位拘谨守礼的人，和五千言的精神恰恰相反，这是第三件可疑。"

评曰：这是一个老疑问。朱子少年曾"疑有两个老聃"，及其读书日多，更事日进，见解日精，才见到"今看得来并不如此"。只有顽固的头脑的人才认为一个人的思想一成不变，递认别人的头脑也同他一样顽固。然而梁启超之疑，也不过随便说说而已。照我们的看法，正因老子深于礼，才深知礼的弊害，才能鞭辟入里地批判了礼。至于汪中所说，"圣人不死，大盗不止"，此乃庄周语，引证殊粗枝大叶。

汪中又说:"《史记》云老子'楚苦县厉乡曲仁里人也',又云'周守藏室之史也'。按周室既东……王官之族或流播于四方,列国之产唯晋悼尝仕于周,其他固无闻焉。况楚之于周,声教中阻,又非鲁郑之比……其疑二也。"

评曰:晋悼既可仕于周,根据什么理由,老聃不能仕于周?而且"唯楚有材,晋实用之",楚材周用,又有什么可疑?春秋时,士大夫出仕于异国者颇多,姑以孔子的学生为例:子路卞人而仕于卫,宰予鲁人而仕于齐,子贡卫人而仕于鲁,言偃吴人而仕于鲁。

汪中又说:"本传又云:'老子,隐君子也',身为王官,不可谓隐。其疑三也。"

评曰:《史记》明白说,老子见周之衰而隐,此亦事理之常,何以一为王官,就不得隐?

汪中"疑老"之后,复举五个证据以论证老聃即太史儋。钱穆誉为卓识,其实是妄谈。

汪中的第一证是关尹与列子同时,而列子与郑子阳同时(列子居郑,穷甚,郑子阳遗之粟事,见载于《庄子·让王》,《吕氏春秋·观世》,《列子·说符》)。汪中乃据《史记·六国表》所载"周安王四年(公元前398年)郑杀其相驷子阳",所以关尹与郑子阳同时,因而断定关尹的时代是在战国。但细读《庄子》、《列子》、《吕氏春秋》诸书，皆明言遗列子粟者乃郑君。列子之妻说："君过而遗先生食。"列子答道："君非知我也。""其卒民果作难，而杀子阳"。可见遗列子粟者是郑君子阳，杀郑君子阳者乃民众。而《六国表》所记驷子阳乃郑相，杀其相者乃郑君。这证明两者并非一人。而且《庄子》所记郑子阳是郑君，还有其他证据的。《韩非子·说疑》载："郑子阳身杀，国分为三。"这就推翻了汪中依据"郑杀其相驷子阳"以断定关尹、列子的时代的论据。

汪中的第二证是：《文子·精诚》引"老子曰：'秦、楚、燕、魏之歌异传而皆乐'"，以断定老子所生活的时代。文子之为伪书，众所周知，而文子所述几乎无不用"老子曰"，故据《文子》所引老子曰以论证老子的时代，其妄显然。而况伪《文子》"秦、楚、燕、魏之歌异传而皆乐"这句话，是抄《淮南子·脩务训》之言，加上一个"老子曰"。准此，汪中这个论证就更不足为据了。

汪中的第三证是引"杨朱见梁王言治天下如运诸掌"《说苑·政理》篇，因而断定这梁王是梁惠王，并据之以推断老子和杨朱生活于战国时代。这个论据表面很有力，实则不可靠。因为《政理》篇只说梁王，并没有指定"梁惠王"。关于这，马叙伦有很好的说明："齐策苏子说闵王，称魏武侯为魏王，可为武侯称王之证。又《庄子·齐物论》称晋献公为王，齐策称秦孝公为秦王，《墨子·鲁问》称田和为齐太王，是知六国称王之后，其先亦皆称王。……然则《说苑·政理》篇所谓梁王不必为惠王，即谓文侯、武侯亦可也。"（《老子核诂》之《老子、老莱子、周太史儋、老彭非一人考》）

汪中的第四证是利用《老子传》"至关"二字，以证明至关者乃太史儋。他依据后人解至关为函谷关，他本人又设想"是关之置，实在献公之世"。这样，太史儋由周入秦乃有明文根据。然按其实，这样的论证并不可靠。我们已指出，《史记》只说至关，并未指定哪一个关，所以这"关"是泛称概念，并非单称概念。而汪中之言，又恰好证明老子"至关"并非函谷关。因为汪中说："函谷之置，书无明文。当孔子之时，二崤犹为晋地，桃林之塞，詹瑕实守之。"这就是说，当老子之世，函谷关尚未设置，可见老子"至关"，并非至函谷关，而是周境上某一关而已。

汪中的第五证是利用《秦本纪》以证明老聃就是太史儋。他说："周太史儋见秦献公，《本纪》在献公十一年（公元前374年）去魏文侯之殁十三年。而老子之子李宗为魏将，封于段干。《魏世家》：安釐王四年'魏将段干子请予秦南阳以和'。《国策》：'华阳之战，魏不胜秦，明年将使段干崇割地而讲。'《六国表》:'秦昭王三十四年白起击华阳军。'(按是时上距孔子之卒凡二百一十年)则为儋之子无疑。而言道德之意五千余言者,儋也。其入秦见献公,即去周至关之事。"这个证据最巧妙,而一予揭穿,便不足信。

从《老子传》"自孔子死之后百二十九年,而史记周太史儋见秦献公"这句话,就可看出司马迁特地提出来说明太史儋并非老聃,盖老聃"其人与骨皆已朽矣"。接着说"老子,隐君子也",以证明太史儋与老聃为二人,一是周之太史,一是已归隐的有道者。如果太史儋就是老聃,则本传所说"其学以自隐无名为务","子将隐矣"等话是全无意义的乱谈,司马迁不至于这样低能吧!反过来也证明了汪中的穿凿附会,混异以为同。至于说"老子之子宗"即段干崇也是错误的。

查太史儋入秦见秦献公在公元前374年,而段干崇请割地以与秦和是在魏安釐王四年,即公元前273年,其间相去一百零一年,硬说段干崇是太史儋的儿子,这是大大可疑的。然而罗根泽作出一个"大胆的假设"——"假使太史儋三十岁时见秦献公,后二三十年而生宗,则宗为魏将时为七八十岁,既合情理,亦合史实"(罗根泽《再论老子及〈老子〉书问题》),但是也可反过来假设,"假使太史儋七八十岁时见秦献公,二三十岁时生宗,则宗为魏将时已一百五六十岁了",这就证明了李宗不是段干崇。这不是同罗根泽开玩笑,而是说假设的方法用在历史上要当心,如果你有一套成见,再假设一下以成就主观的愿望,必把史实弄得面目全非。现在接近实事地来作假设。据一般情况说,一般人生子多在二十至五十岁,而一个人的政治活动多在三十岁以后六十岁以前。取其中数来作假设,则太史儋入秦见献公在四十五岁左右,而生宗则在三十五岁左右,那么段干崇请割地以讲和,也当在一百一十五岁左右了。这也超出常理,反而证明李宗不是段干崇。

再查自魏安釐王四年至汉文帝之死(公元前273—前157年),只有一百一十六年。据《史记》,从李宗至李解至少有八代,如果李宗是段干崇,则在一百一十六年之内,第八代的李解竟做了胶西王卬太傅,这是不可能的。查对史实,足证汪中等以李宗即段干崇之说是绝对虚构的,因而汪中等咬定老聃就是太史儋也是不可靠的,说道德五千言乃太史儋所著,也是无稽的。试进一步论证之。

首先查一下太史儋是什么样的人。从他对秦献公说"始秦与周合而离,离五百岁而复合,合七十岁而霸王者出焉",加以分析,就可断定太史儋是术数之士,是占星望气之流,如裨灶、梓慎、苌弘那些人一样,喜玩术数,以预言将来。这样的预言,《老子》书称之为前识。韩非解释道:"先物行,先理动,之谓前识。前识者,无缘而妄意度也。以詹何之察,苦心伤神而后与五尺之愚童子同功。故曰,'前识者,道之华而愚(伪)之首也'。"(《解老》)可见以方术而作预言,是《老子》书所斥为愚(伪)之首者,这就证明《道德经》并非方士之流太史儋所著的。

李宗既不是太史儋之子,《老子》书又非太史儋所著,则李宗自是李耳之子,而《老子》书自是老聃所作,这就足证老子其人其书出现于战国之妄说。

(六)老聃、李耳是两人么?

梁启超说,《老庄申韩列传》实在迷离惝恍,老子一人三化身——老聃、老莱子、太史儋,完全是神话。而冯友兰又从老聃分化出一个李耳来。由此观之,老子不仅"一气化三清",并化出四清来:老聃、老莱子、太史儋、李耳。这是冯友兰所创的"新神话"。现分别评之于下:

《老子传》是神话么?据我看,这是梁启超玩文墨,以证明老子的来历不明罢了。何所据而云然?因为渊博的梁启超不会不知道汉初重黄老之学,汉武又信神仙之事,拜祀黄帝,然而司马迁在《封禅书》中敢于揭露方士和神仙家的欺骗和罪恶。及其作《老子传》,特别记其生死,始其国而及其乡里（考《史记》这样记载的，只有《高祖本纪》、《孔子世家》及本传而已），而其结末则详述其子孙，以表明老子是人，并非什么"乘云气，御飞龙，不可方物"的神仙。可见司马迁是使老子人化，并非使老子神化。

究竟《老子传》里有哪些神话呢？大概是指"或曰，老莱子亦楚人也，……或曰，儋即老子，或曰，非也"等话吧！现在来分析一下。

司马迁作史，本春秋之义，信以传信，疑以传疑，姑备异说，以供裁择。现举一例："吕尚盖尝穷困。年老矣，以鱼钓奸周西伯……或曰，太公博闻，尝事纣，……卒西归周西伯。或曰，吕尚处士，隐海滨，……散宜生、闳夭素知而招吕尚……言吕尚所以事周虽异，然要之为文武师。"（《齐太公世家》）可见司马迁备传三说，而最后断定者，只是"为文武师"。《老子传》的写法也是一样，"或曰，儋即老子，或曰，非也。世莫知其然否"。异说并存，分别裁断，最后确定："老子，隐君子也。"由此可见，当时有两种传说，一说儋即老子，一说儋非老子，引起两派的争论，相持不下（世莫知其然否）。但司马迁指出太史儋是王官，而老聃是隐君子，这样遂把老聃和太史儋分别开来。其实全篇都贯注这一精神的，一则曰"自隐无名为务"，再则曰"子将隐矣"，而太史儋乃是苌弘一流的阴阳家。又在周秦二本纪指出太史儋见秦献公，乃出使于秦，并不是流散于秦或归隐于秦。如果他是流散或归隐于秦，那么他的话就不会记在周史上。可见太史儋自始至终是周室的王官，而老子虽一度为周室王官而卒归隐。这样又可把二人分别开来。至于老莱子在本传只是附之以传，这在《仲尼弟子列传》说孔子"于周则老子……于楚老莱子"，可以为证。

总而言之，司马迁并没有把老子神话化，叙述得迷离惝恍，而是把老聃、老莱子、太史儋三人分别得清清楚楚。

可是冯友兰说老聃是传说中"古之博大真人"，而战国时李耳乃老学之首领，《史记》误以李耳及传说中之老聃为一人（《中国哲学史》）。这有什么根据呢？冯友兰说："盖李耳既为'隐君子'，其时传说中恰有一'古之博大真人'之老聃，故李耳即以其学为老聃之学。"（同上书）照我们的看法，这是穿凿。

第一，"古之博大真人"并非传说，明明是庄子对关尹、老聃的赞语，原文俱在，"关尹、老聃乎，古之博大真人哉！"这和前面赞"墨子真天下之好也，才士也夫"是一样的。而冯友兰竟认庄子一人对老子的赞语乃"当时的传说"，非穿凿而何？

第二，冯友兰说李耳是隐君子，"即以其学为老聃之学"。这样一来，李耳并不是一个隐君子，而是一个冒名顶替或影射商标的学术骗子了；其学并不是自隐无名，而是欺世盗名了。可见冯友兰这样的猜度恰与实事相反。

第三，请问冯友兰先生，你有什么根据说"及司马迁知李耳为老学首领，而又狃于世人之以老学为老聃之学之说，故遂误将老聃及李耳合为一人矣"（同上书）。谁都知道，司马迁是一个直言敢说之士，从他救李陵之事可知，又是一个不畏时君的良史，据事直书，从他在《封禅书》中揭露汉武之愚蠢可知。如果司马迁知道老聃和李耳是二人而非一人，他一定不狃于世人之见或学者之见，而说"综其实不然"！如同他在《周本纪》所说："太史公曰，学者皆称周伐纣，居洛邑，综其实不然！"

《老子传》一开头就说："老子者……姓李氏，名耳，字聃。"然而冯友兰硬把一个古人，劈为两边，一边是李耳（其名），一边是老聃（其字），竟冒称"司马迁认李耳为战国时老学首领，但李耳为历史的人物，而老聃为传说中的人物，二者是二非一也"（同上书）。

第三节　从《庄子》检证老子其人

叙述到这里，有人会提出异议：这样只论证了《史记·老庄申韩列传》不是神话，而是史实，只论证了老子不是老莱子，不是太史儋，不是另外还有一个李耳，而是老聃。但《史记》所载"孔子问礼于老聃之事及老子对孔子之言"系采取于《庄子》，而《庄子》寓言十九，所以庄子所说的不可靠，因而《史记》所载的也不可靠。但我简单地反问一句，你所说的"寓言十九"是不是从《庄子》取来的呢？如果是，那么你所采取的论据就不可靠了。

如果因为庄子说过一句"寓言十九"，遂把庄子所提到的历史人物皆从而否定之，或说他不可靠，这是极不合理的。试问庄子说到的齐桓公与管仲是非历史人物么？卫灵公与蘧伯玉是非历史人物？魏文侯与田子方是非历史人物么？楚叶公、郑子产是非历史人物么？庄子说到孔子，孔子不可靠么？庄子说到原宪、曾参、子贡、子路、颜渊等，原宪、曾参、子贡、子路、颜渊等不可靠么？这些历史人物都是庄子的寓言么？庄子曾论及墨翟与禽滑釐，宋钘与尹文，彭蒙、田骈与慎到，杨朱、惠施、公孙龙，这些哲人是不可靠的么？何以今之否认老子其人或把老子硬退至战国时的学者们，其论述先秦诸子哲学，没有一个不取材于《庄子》一书，何以庄子所说的杨朱、墨翟、惠施、公孙龙不是寓言，而说到老子就全是寓言？

今之学者常以"寓言十九"一句话，轻轻地否认孔老同时，实际呢，他们连"寓言"二字都没弄清楚。所谓"寓言十九"者，"寄之他人，则十言而九见信"（郭象注）。他们又忘记了下文"重言十七，……是为耆艾"。注文："所重乎耆艾者，年老而有道者也。"其次，耆艾，师傅也（《国语·周语》第一。"耆艾修之。"韦昭注）。准此，重言在庄子心目中乃师傅之言，或借重"年高而有道者"以立言，易使别人信服，故其言可寓，而其人则真，如果其人是假，则谁信其言，而重言亦失去其作用了。所以我们觉得庄子笔下的老聃，犹之乎柏拉图笔下的苏格拉底，如果有人相信柏拉图《对话集》中苏格拉底所说的话全是苏格拉底本人说的，那就不对了；如果有人认为柏拉图《对话集》中的苏格拉底无其人或不与柏拉图同时，那就更不对了。

据我们粗疏的研究，《庄子》一书称引孔子者有四十二处，称引老子者有十九处，而且在称引"耆艾"中，其次数之多，没有其他人可与孔、老相比者，也就是说，以借重孔子与老子者为最多。由此可见，庄子或庄派心目中的孔子与老子都是年高而有道的人物,绝不是"子虚"、"乌有"之属,或"罔两问景"的寓言。此则可以断言的。

复次,研究《庄子》书中称引孔子之外,发现孔子与老子发生关系者,有八次之多,孔子与颜渊发生关系者,有十一次之多。而其中老子总是以孔子的前辈的姿态出现;颜渊总是以孔子的得意门生的姿态出现;而且在老、孔对话或孔、颜对话中,庄子总是借老子之名或颜渊之名发表庄子本人的主要思想,好像柏拉图在其《对话集》中总是借苏格拉底之口说出他本人的哲学。由此可见,庄子和孔、老都不无思想的渊源。

唐韩愈疑庄子是儒家,近人章太炎亦以庄子哲学源于颜渊,郭沫若依据《人间世》孔子与颜渊谈"心斋"及《大宗师》篇谈"坐忘"之境,怀疑庄子的哲学出自颜氏之儒(颜渊),我怀疑庄子原是儒家,后来逃儒而归于老,所以庄子的哲学,其唯心论的部分来自孔门,而其唯物论与辩证法的部分则出自老子。这不是本文所能详述,现只就《庄子》所记孔老的关系加以研究,以期得到若干老子的事迹。

(1)无趾语老聃曰:"孔丘之于至人,其未耶?彼何宾宾以学子为?"(郭注,怪其方复学于老聃)……老聃曰:"胡不直使彼以死生为一条,以可不可为一贯者,解

其桎梏,其可乎。"(《德充符》)

(2)夫子问于老聃曰:"有人治道若相放,可不可,然不然。……若是,则可谓圣人乎?"老聃曰:"是胥易技系、劳形怵心者也。……丘!予告若,……有治在人,忘乎物,忘乎天,其名为忘己。忘己之人,是之谓入于天。"(《天地》)

(3)孔子西藏书于周室。子路谋曰:繇闻周之征藏史有老聃者,免而归居。夫子欲藏书,则试往因焉。孔子曰:"善。"往见老聃,……孔子曰,"中心物恺,兼爱无私,此仁义之情也。"老聃曰:"意!几乎后言,夫兼爱不亦迂乎,无私焉,乃私也。"(《天道》)

(4)孔子行年五十有一而不闻道,乃南之沛,见老聃。老聃曰:"子来乎!吾闻子北方之贤者也。子亦得道乎?"孔子曰:"未得也。"老子曰:"子恶乎求之哉?"曰:"吾求之度数,五年而未得也。"老子曰:"子又恶乎求之哉。"(《天运》)

(5)孔子见老聃而语仁义。老聃曰:"……夫仁义憯然,乃愤吾心,乱莫大焉。吾子使天下无失其朴,吾子亦放风而动,总德而立矣。"(《天运》)

(6)孔子见老聃归,三日不谈。……子贡遂以孔子声

见老聃……老聃曰:"小子少进……余语汝三皇五帝之治天下,名曰治之,而乱莫甚焉。"(《天运》)

(7)孔子谓老聃曰:"丘治《诗》、《书》、《礼》、《乐》、《易》、《春秋》六经,自以为久矣……"老子曰:"……性不可易,命不可变,时不可止,道不可壅,苟得于道,无自而不可,失焉者,无自而可。"孔子不出三月,复见,曰:"丘得之矣……丘不与化为人,安能化人?"老子曰:"可!丘得之矣。"(《天运》)

(8)孔子见老聃,老聃新沐,方将披发而干……孔子便而待之……老聃曰:"至阴肃肃,至阳赫赫,肃肃出乎天,赫赫发乎地,两者交通成和,而物生焉。"(《田子方》)

(9)孔子问于老聃曰:"今日晏闲,敢问至道。"老聃曰:"……夫昭昭生于冥冥,有伦生于无形,精神生于道,形本生于精,而万物以形相生……邀于此者……其用心不劳,其应物无方。"(《知北游》)

试分析上面的引文,就可得如下的结论:

第一,在上述孔老的对话中,老子虽然批评了孔子的中心思想——仁与义,然主要是发表老子的哲学思想,恰当点说，发表庄子所发展了的老子哲学思想。如（3）条所引"无私焉，乃私也"，这就是发挥《老子》七章"非以其无私耶？故能成其私"。（8）条所引"两者交通成和，而物生焉"，这就是发挥《老子》四十二章"三生万物，万物负阴而抱阳，冲气以为和"。（9）条所引"夫昭昭生于冥冥，有伦生于无形"，这就是发挥《老子》四十章"天下万物生于有，有生于无"。（6）条所引"三皇五帝之治天下，名曰治之，而乱莫甚焉"，此则发挥老子"大道废、有仁义"的政治史观。（2）条所引"忘己之人，是之谓入于天"，此则庄子所发展了的道家哲学思想。据此以推断：《庄子》中孔、老的对话，其言可寓，而其事则不必假，因为老子与孔子其人，此则庄子所不能作假，而亦无须作假者。

第二，我们依据上引（4）条、（7）条以及《庚桑楚》篇和《寓言》篇，都是一开始写"老聃"，接着的是"老子曰"。而《寓言》篇载"老子曰：大白若辱，盛德若不足"，以及《庚桑楚》篇载"老子曰：……儿子终日嗥而嗌不嗄，和之至也"，是皆见于现行的《老子》书。这就确实证明了老子就是老聃，而不是什么老莱子、太史儋或李耳；而言道德五千言之意者是老聃，并不是太史儋或李耳。

第三，老子曾做过周朝图书馆之类的职员或馆长，后来免职或辞职回家（周之征藏史，有老聃者，免而归居）。我们在上面曾说到王子朝把周室的典籍带跑到楚国去了，老子所掌管的典籍必也被带走了，老子因此免官，由此得到了充分的证明；而《史记》谓老子"见周之衰，乃遂去"，也是可信的。老子既"免而归居"，自然是回到南方老家，从《庚桑楚》篇南荣趎南见老子，"七日七夜，至老子之所"可证。

第四，孔子"南之沛，见老聃"。《寓言》篇又记载着："阳子居南之沛，老聃西游于秦，邀于郊，至于梁，而遇老子。"由此可见，老子曾居沛，游过秦国，后来仍回南方。

第五，从上引文可以看出：老子与孔子相见不止一次，而是多次。很显然，有一次是在沛。可能有一次是在鲁，此则据"鲁有叔山无趾者踵见仲尼"，后又去问老聃，"孔子为什么频频向他学习？"叔山是刑余而不良于行的人，无论从经济条件或生理条件说，都不会远适异国，而只能在鲁国见老子。据此以推，老子有一个时期在鲁国，故孔子得向其问学焉。（可能有人提出异议，叔山无趾是寓言，不可信。是的，这些人，谁保其必真，亦谁说其必假。试问楚狂接舆不是见于《论语》，也见于《庄子·人间世》篇么？）还可能老、孔两人在陈屡次相见，试予以论证：

孔子晚年居陈的时间颇久，据《史记·孔子世家》载：孔子居陈三岁，曾适卫，复如陈。鲁桓釐庙燔，"孔子在陈闻之曰：'灾必于桓釐庙乎！'已而果然"。而老子又是陈人（苦县原属陈），并免而归居于陈。《列子·周穆王》篇曾记下这事："逢氏有子少而惠，及壮而有迷罔之疾……其父之鲁，过陈，遇老聃，因告其子之证。老聃曰：'汝庸知汝子之迷乎？'"从上引（8）条说"孔子见老聃，老聃新沐"，（9）条说"今日晏闲，敢问至道"。可以想见老、孔两人这几次相见，可能是在陈国。

最后，《庄子》也记下老子之死："老聃死，秦失吊之。三号而出。弟子曰：'非夫子之友耶。'"（《养生主》）

综而观之，庄子叙述的老子都是人的事。老子同常人一样，他洗澡，他闲谈，他游历，他结交朋友，他做王室的职员，他免官归里，最后，他死了。始终是人，不是神，也没有什么神话。但梁启超说《老子传》全是采自《庄子》的神话，妄也！冯友兰说"所谓老聃乃如一神而戴人帽，着人鞋"，亦妄也！

综上所述，对老子的事迹可得到一个轮廓：老子者，陈人，仕于周，为征藏史。大概因王子朝奉周之典籍以奔楚，老聃所掌之典籍亦被带走，免而归居（陈），曾居于沛，暂驻于鲁，西游于秦。孔子见之于沛，于鲁，或于陈。最后，"老聃死,秦失吊之。……有老者哭之如哭其子,少者哭之如哭其母。"《庄子》这样的记载,是切近实事的。

或曰,世之学老子者则绌儒学,庄周学老子者也。故庄周所称之老聃"皆空语,无实事"。那么,请看儒家之言。

第四节 从儒家经籍检证老子其人

孔子师老子,儒家一直承认的。西汉初传诗的儒者韩婴在《韩诗外传》就记载着:

> 哀公问于子夏曰:"必学然后可以安国保民乎?"子夏曰:"不学而能安国保民者,未之有也。"哀公曰:"然则五帝有师乎?"子夏曰:"臣闻黄帝学乎大坟,颛顼学乎绿图,帝喾学乎赤松子,尧学乎务成子附,舜学乎尹寿,禹学乎西王国,汤学乎贷子相,文王学乎锡畴子斯,武王学乎太公,周公学乎虢叔,仲尼学乎老聃。"此十二(应作十一)圣人未遭此师,则功业不能著乎天下,名号不能传乎后世者也。

这条记载,刘向在其《新序》中仍特别采用,唯姓名略有小异，如大坟作大真，线图作禄图。可见从子夏到刘向，儒家都承认"仲尼学乎老聃"，这就证明老子为孔子之师并非庄周向壁虚造，而是通认的信史。《礼记·曾子问》更能证明这点，现节录有关老聃的部分，并略加说明：

（1）曾子问曰："古者师行，必以迁庙主行乎？"孔子曰：……吾闻诸老聃曰："天子崩，诸侯薨，则祝取群庙之主而藏诸祖庙，礼也。卒哭成事，而后主各反其庙。君去其国，大宰取群庙之主以从，礼也。祫祭于祖，则祝迎四庙之主，主出庙入庙必跸。"老聃云。

（2）曾子问曰："下殇……今墓远，则其葬也，如之何？"孔子曰："吾闻诸老聃曰：昔者史佚有子而死，下殇也，墓远，召公谓之曰：'何以不棺敛于宫中？'史佚曰：'吾敢乎哉？'召公言于周公。周公曰：'岂不可！'史佚行之，下殇用棺衣棺，自史佚始也。"

（3）子夏曰："金革之事无辟也者，非欤？"孔子曰："吾闻诸老聃曰：'昔者鲁公伯禽有为之也。'今以三年之丧从其利者，吾弗知也。"

（4）曾子问曰："葬引至于堩，日有食之，则有变乎，且不乎？"孔子曰："昔者吾从老聃助葬于巷党，及垣，日有食之。"老聃曰："丘！止柩就道右，止哭以听变。"既明反而后行，曰，"礼也。"反葬，而丘问之曰："夫柩不可以反者也，日有食之，不知其之已迟数，则岂如行哉？"老聃曰："诸侯朝天子，见日而行，逮日而舍奠。夫柩不早出，不暮宿。见星而行者，唯罪人与奔父母之丧者乎。日有食之，安知其不见星也？且君子行礼，不以人之亲痁患。"吾闻诸老聃云。

试把上述引文加以分析。从孔子所说"昔者吾从老聃助葬于巷党"这句话，可以看出孔子与老子并非泛泛之交，而是生活上有密切的联系，故同去助葬于巷党。从老子所说"丘！止柩就道右"这句话，可以看出老子年龄一定大于孔子，且是一个老前辈，故直呼孔子为"丘"；而且孔子也遵照老子的话以行事，可见孔子是学生辈。从"巷党"是鲁地，可见老子当时是在鲁国。（刘汝霖对此点曾予以论证："巷党不冠以国，必鲁地。因孔子、曾子皆鲁人也。子罕'达巷党人曰'，案康有为读法，达字连上章，此章只余'巷党人曰'四字。由此可知，孔子问礼之地在鲁国。"）由此又证明《庄子》记"叔山无趾既问于孔子又去问于老子是在鲁国，以及孔子频频学于老子也在鲁地"是可信的记录。从"日有食之，安知其不见星也"这句话,可见老子不仅懂得古礼,并且具有丰富的天文学的知识。最后,从《曾子问》篇孔子曾四次引证"吾闻诸老聃云",涉及礼的方面颇广,而且是一些在特殊事变下应行的礼,这就说明孔子不是在一两次间所闻于老聃之言,而是长时期向老聃学习的结果。

然而现在仍有人力主有两个老聃:一是孔子向他学礼的老聃;一是著道德五千言的老聃,生在战国之世,孔子同他没有关系。果真如此么?那就不见得。据儒家的典籍,孔子不仅问礼于老聃,并问"道论"于老聃呢,这可从《孔子家语》找出证据[①]:

> 季康子问于孔子曰:"旧闻五帝之名而不知其实,敢问何谓五帝?"孔子曰:"昔丘也闻诸老聃曰:天有五行,水、火、金、木、土,分时化育,以成万物,其神谓之五帝。"(《五帝》)

---

① 《孔子家语》虽在伪书之林,然非虚造,故朱子说"《家语》只是王肃编古杂记",甚至攻《家语》最烈的崔述也说"《家语》一书,未有一篇无所本者"。所以我们认为《家语》是魏晋时代王肃一派的儒者根据当时所有古籍编纂而成的孔子言行录,尽属儒家传习的旧说,相当可靠。

由此可知，孔子闻诸老聃者，尚有"五行分时化育，以成万物"之论。

> 子夏问于孔子曰："商闻易之生人及万物、鸟兽昆虫，各有奇偶，气分不同。而凡人莫知其情，唯达德者能原其本焉。天一，地二，人三。……故人十月而生。其余各从其类矣。鸟鱼生阴而属于阳，故皆卵生。是以至阴主牝，至阳主牡。敢问其然乎？"孔子曰："然，吾昔闻老聃，亦如汝之言。"（《执辔》）

这种宇宙万物生化论，道家自身也曾记录下来，如《淮南子·地形训》，唯论述更详，兹选其要点，以资比较："凡人民禽兽、万物贞虫，各有以生，……唯知通道者能原本之。天一，地二，人三。高注：一、阳，二、阴也。人生于天地，故曰三也。"

由此可见，孔子所"闻诸老聃"之言，实则《老子》书四十二章之说。其说曰："道生一，一生二，二生三，三生万物，万物负阴而抱阳，冲气以为和。"盖"惟初太始，道立于一"，故曰"道生一"。一者，元气，元气分为阴阳，互相推荡，故曰"一生二"。阴阳相合，又出现了矛盾的统一，故曰"二生三"。阴阳一气，相争相合，散为万殊，故曰"三生万物"。一气包含着阴阳，所以由气所化之任何一件事物亦必包含着阴阳，故曰"万物负阴而抱阳"。"积阴则沉，积阳则飞，阴阳相接，乃能成和"，故曰"冲气以为和"。试以孔子所闻和老子所说，两相比较，若合符节。

如果把上述《田子方》篇老子对孔子谈到"至阴肃肃，至阳赫赫，肃肃出乎天，赫赫发乎地，两者交通成和，而物生焉"，以及《知北游》篇老子对孔子谈到"夫昭昭生于冥冥，有伦生于无形……万物以形相生，故九窍者胎生，八窍者卵生"之道，同孔子自说"吾昔闻诸老聃"之言，两相对证，就可以断定：孔子在老聃处闻到老子的本体论，闻到老子的宇宙起源论，闻到老子的生物演化论，岂仅闻礼而已哉！

由此可见，孔子向老聃既学礼，又学道，足证儒家典籍所记的老聃是一而非二。

复次，老子言论对孔子思想的影响，实深且巨，不仅见载于《孔子家语》，并见载于《论语》，只是后儒一叶障目，不见泰山罢了。姑举一二例。老子告诫孔子说："良贾深藏若虚，君子盛德，容貌若愚"，戒骄戒躁。所以后来孔子也慨叹地说："亡而为有，虚而为盈，约而为泰，难乎有恒矣。"（《述而》）而且曾子进一步指出："有若无，实若虚，犯而不校，昔者吾友有从事于斯者矣。"（《泰伯》）注家谓"吾友"指颜渊，安知不是孔子呢？老子告诫孔子说："博辨广大危其身者，发人之恶者也。"所以后来孔子答子贡问"君子亦有恶乎"时亦说："有恶，恶称人之恶者。"（《阳货》）老子告诉孔子"毋以有己"，而孔子后来也说"克己复礼"，"毋意，毋必，毋固，毋我"。老子告诉孔子"君子得其时则驾，不得其时则蓬累而行"，而孔子亦"谓颜回曰，用之则行，舍之则藏，唯我与尔有是夫"（《述而》）。这都证明老子的箴言时时活跃于孔子的心头。

由此可见，孔子的大弟子曾子和子夏都肯定"仲尼学乎老聃"，由此，老聃生活于春秋末叶亦是绝对无疑的。孔子向之问礼的老聃就是言道德五千言的老聃，并没有另外一个著《老子》书的李耳。

综合《史记》、《庄子》以及儒家经籍的研究，可以给老子作一个略传。

老子，陈人也，先秦古籍，通称老聃。迄司马迁作《老庄申韩列传》，详考其乡里姓氏及其子孙，始谓"老子者，楚苦县厉乡曲仁里人，姓李氏，名耳，字聃……隐君子也"。老子仕于周，为征藏史。景王死，周室发生争夺王位的大内战，公元前516年，王子朝失败，"奉周之典籍以奔楚"，老子所掌的图书当被王子朝带走，因"免而归居"。老子既去周，曾在鲁，游于秦，居于沛，大概常居于陈。由于他是周之征藏史，故熟于掌故，精于历史，明于天道，虽未开庭设教，但向他问学的颇有其人，孔子就是其中之一。

老子年表

公元前576年 鲁成公十五年	老子大约生于是年前后（公元前581—前571年）
公元前551年 鲁襄公二十二年	孔子生
公元前522年 鲁昭公二十年	老子为周之征藏史。孔子适周，盖往见老子时孔子年三十
公元前520年 鲁昭公二十二年	周景王死，王子朝为争夺王位，发动大内战
公元前516年 鲁昭公二十六年	王子朝失败，"奉周之典籍以奔楚"，老子因"免而归居"
公元前505年 鲁定公五年	老子在鲁，孔子"从老聃助葬于巷党，及埧，日有食之"
公元前501年 鲁定公九年	老子居沛。"孔子行年五十有一而不闻道，乃南之沛，见老聃"
公元前492年 鲁哀公三年	老子居陈。孔子在陈闻鲁有火灾。孔子年六十
公元前491年 鲁哀公四年	老子居陈，"孔子自陈迁于蔡"。孔子居陈时间颇久，老、孔有时相过从的可能

续表

公元前478年 鲁哀公十七年	楚灭陈。老子遭亡国之痛，可能逃亡异国
公元前？	"老聃死，秦失吊之"

备注：关于老子生年，系据马叙伦的考证及老子长于孔子而作的假设。

老子在鲁之年，乃据《曾子问》及鲁定公五年日有食之而订定。

詹剑峰先生和留法室友作家巴金先生在上海武康路巴金寓所（1977）

第二章　老子其书

第一节　《老子》书中哪些思想必是战国时才产生的呢？

《老子》是一部异端之书，"必隐士嫉乱世而思无事者为之"。这部书之成为儒家眼中钉者久矣，汉时辕固生已讥其为"家人言耳"，唐韩愈曾欲"火其书"，这好像柏拉图企图把他所能搜集到的德谟克利特的著作全部烧光一样。但中国现代的柏拉图聪明了，企图把《老子》列入伪书之林，如同张湛作注的《列子》，那么中国哲学史便可抹去老子哲学这一章，万一办不到，也能降低《老子》书在哲学史上的地位。因此之故，这部中国最著名最有价值的哲学著作，轮番受到最恶劣最残酷的待遇。这就是我拜读近人论《老子》书所得的一个印象。

据《古史辨》第四册及第六册，1922年3月，梁启超发表《论〈老子〉书作于战国之末》，才过十天，张煦就发表一篇驳斥梁氏的论文——《梁任公提诉老子时代一案判决书》，从此展开针锋相对的争辩，一直到1936年12月。据《古史辨》的搜集，论《老子》书的论文有三十篇，字数五六十万，作者有二十人，可分为两大派，每派各有十人。第一派主张《老子》书成于战国或秦汉之际；第二派主张《老子》成于春秋或老子遗言而由门徒记录下来。

现就第一派的见解加以研究。这十位先生提出的论文十八篇，计其字数几十万，考其论点，则非常庞杂，有的说《老子》书是太史儋所著，有的说《老子》书是詹何所作，有的说《老子》书是李耳所撰；至于老子成书时代，有的说书成于孔、墨之后，有的说书成于孟、庄之时，有的说书成于孟、庄之后，有的说书成于《吕氏春秋》和《淮南子》之间。查其论据，则非常贫乏。这十位先生的论文提出论据者只有五位，其他"皆空言，无实事"；而论据又只是梁启超窃取于汪中和崔述所说过那点东西，略为补充，加上一些新名词而已！而且这些论据又都是可以驳倒的。观其论证的方式，有的是下笔千言，离题万里。好在他们的论据并不多，几乎可全部引来，故先引其文而后评论之。

第二章 老子其书

老聃是一位拘谨守礼的人，和五千言的精神恰恰相反，这是第三件可疑。……从思想系统上论：老子的话太自由了，太激烈了，像"民多利器，国家滋昏；人多伎巧，奇物滋起；法令兹彰，盗贼多有"；"六亲不和，有孝慈，国家昏乱，有忠臣"；这一类的话，不大像春秋时人说的；果然有了这一派议论，当时的人不应不受他的影响，我们在《左传》、《论语》、《墨子》等书里头，为什么找不出一点痕迹呢？这是第五件可疑。再从文字语气上论，《老子》书中用"王侯"、"侯王"，"王公""万乘之主"等字样者凡五处，用"取天下"字样者凡三处，这种成语，像不是春秋时人所有；还有用"仁义"对举的好几处，这两个字连用是孟子的专卖品，从前像是没有的；还有"师之所处，荆棘生焉，大兵之后，必有凶年"，这一类的话，像是经过马陵、长平等战役的人才有这种感觉，春秋时虽以城濮、鄢陵等有名大战，也不见死多少人，损害多少地方，那时的人，怎会说出这种话呢？（梁启超《论〈老子〉书作于战国之末》）

就思想以证《道德经》出于孔子之后。孔子之学，皆植本于"仁"。孔子之所以伟大，盖亦在此。而老子《道德经》一书，论仁者多矣，其说曰："故失道而后德，失德而后仁，失仁而后义，失义而后礼。"此必得闻孔氏之论，而非之之语也。使孔子不先以"仁"为人生观之中心，则老子将无由而非之。此外"天地不仁，以万物为刍狗，圣人不仁，以百姓为刍狗""上仁为之而无以为"，盖皆因孔子而发也。又墨子主张贤人政治，倡"尚贤"之说，有《尚贤》篇以发其论，然老子《道德经》之言曰："不尚贤，使民不争。"墨子欲实行其主义，乃利用古代迷信之心理，主张尊天信鬼，作《天志》篇、《明鬼》篇以述其意，而老子《道德经》则曰："以道莅天下，其鬼不神。"然则老子因常闻墨子之论，故有此反动之语也。（张寿林《老子〈道德经〉出于儒后考》）

《老子》为战国时之作品。盖一则孔子以前，无私人著述之事，故《老子》不能早于《论语》。二则《老子》之文体，非问答体，故应在《论语》、《孟子》后。三则《老子》之文，为简明之"经"体，可见其为战国之作品。（冯友兰《中国哲学史》）

此外，罗根泽提出"战国前无私家著作之说"，此则冯友兰所说孔子以前无私人著述的根据，其后罗根泽又以《老子》书中"不尚贤"及"礼者忠信之薄"为根据以论证《老子》书是成于墨子之后。钱穆窃取梁氏的"思想系统",而换上"思想线索"的名称,以论证《老子》成书的时代,并依据老子所提出"道"与"名"等范畴以及"不尚贤"之语,以证《老子》书在《庄子》之后。

《老子》书成于何时?这个问题争论了几十年,并没有解决。1949年后出版的著作论到这一问题的有:杨荣国的《中国古代思想史》,李泰棻的《老庄研究》,刘节的《古史考存》,任继愈的《老子哲学》,张心澂的《伪书通考》子部,道家类。而范文澜著的《中国通史简编》和郭沫若主编的《中国史稿》中关于《老子》书的部分,是针锋相对的意见。我们述评所及,自当包括1949年后出版的著作。

现在来检查一下《老子》书所表现的思想是"反映战国时代的"之说。先从《老子》的文字和文体谈起。

(1)评从"王侯"、"万乘之主"、"取天下"、"仁义"连用等语词以证《老子》书成于战国末之说。据梁启超说,这些语词"像不是春秋时人所有",果真如此么?须要一一剖析。

王、公、侯等称号,周初就有了,《春秋》第一条就记载"元年春王正月",公侯等名号在《左传》里数不胜数。老子把春秋人所习见的王、公、侯,随便用王侯、侯王、王公等不同的词以概称统治者，这也是当时的习用语，犹如墨子对当时的统治者常称为"王公大人"一样。至于"王"，春秋时已存在，老子仕于周，周是当时共尊的王，楚、吴、越亦称王，而齐顷公亦有拥晋侯为王的建议。（《史记》："齐顷公朝晋，欲尊王晋景公。"）最好的证据，还是王国维的话："古时天泽之分未严，诸侯在其国自有称王之俗，即除楚吴越之称王者亦沿周初旧习，不得尽以僭窃目之。"（郭沫若《十批判书》）由此可见，老子之称统治者为王侯、王公、侯王亦沿周初旧习，而梁启超竟谓此等名词"像不是春秋时人所有"，妄也。

"万乘之主"，这是窜入正文的注语。证：韩非在其《喻老》篇中"君子终日行不离辎重"下，有"万乘之主而以身轻于天下……是以生幽而死"之句，大概后人本韩非的话以作注语，不知何时，由注语窜入正文。此则梁启超之所不知的。

现在另一问题，春秋末期是否有万乘之国？有的。"子贡南见吴王，说曰：今以万乘之齐，而私千乘之鲁，与吴争强，窃为王危之"《史记·仲尼弟子列传》，"宋在三大万乘之间。（注：南有楚，北有晋，东有齐，故曰三大万乘之间也。）子罕之时，无所相侵，边境四益"（《吕氏春秋》）。而且万乘之国，春秋时确已客观存在，如"晋叔向曰：诸侯不可以不示威，七月丙寅，治军于邾，甲车四千乘"（《左传》）。一次出动甲车四千乘，可见晋确是万乘之国了。春秋之末既有万乘之国，自然有万乘之主。纵则老子用过"万乘之主"一词，亦符合春秋时的实际，并没有权利可以说《老子》书成于战国之末。而且孔子也用过万乘这语词，如《荀子·宥坐》篇载："孔子曰，昔者万乘之国有争臣四人，则封疆不削；千乘之国，有争臣三人，则社稷不危。"根据梁启超的逻辑，孔子说过万乘，孔子应是战国时代的人物了。

至于老子所说"取天下"之"取"，犹孔子所说"道千乘之国"之"道"。姑退一步说，"取"作夺取解，夺取天下的事实早已存在，如商汤夺取了夏朝的天下，武王夺取了商朝的天下。至于取天下之思想也不必等到战国，春秋之时就有了。例如，"初灵王卜曰，余尚得天下。不吉，投龟诟天而呼曰：是区区者而不余畀，余必自取之"（《左传·昭公十三年》）。由此可见，梁启超说"取天下"的词句，"像不是春秋时人所有"，妄也！

梁启超说仁义"是孟子的专卖品"，这是昧于史实的笑谈。"仁义"是春秋通用的术语，姑举二三例：由余对秦穆公说："下罢极则以仁义怨望于上。"（《史记·秦本纪》）史兴曰："且礼所以观忠信仁义也。"（《国语·周语》）"君子曰，酒以成礼，不继以淫，义也；以君成礼，弗纳于淫，仁也。"（《左传·庄公二十二年》）由此可见，在春秋之时，仁义二字可以连用，也可对举，怎能据此说《老子》成于战国之末呢？如果深入一层考察，老子所说"大道废，有仁义"，这就是孔子所据以说"大道既隐，天下为家，故谋用是作，而兵由此起"。这恰好证明《老子》书成于春秋时代。

还有，钱穆说，"天地不仁，以万物为刍狗"，刍狗是老子用了《庄子·天运》篇"刍狗之未陈也，盛以箧衍"那个典故。老子在二千年前竟会如后世作骈文者之用典故，这真是无稽之谈。本来，"刍狗"是束草为狗，祭祀时用之，王弼解错了，而钱穆竟说王弼"虽知庄子有刍狗之说而不敢用也"，由此以证《老子》在《庄子》之后。这是穿凿附会。钱穆从文字方面以说明《老子》在《庄子》后的其他九个证据，都是这样。

其次，看一看从文体以论证《老子》为后出之书。

各个时代的文体确有不相同的特点，如汉之赋、唐之律诗。但以文体来论证古籍非某人著，则往往靠不住。因为一个人的文体，老年时代作的和青年时代作的可以大不相同；同一时代，各个人的文体又很显然不同。以古为例，孟子与庄子同时，而两人之文则异；以今为例，梁启超与章太炎同时，而两人的文体则大悬殊。

最奇怪的是老子的文体属于哪一类,连主张《老子》书晚出的先生们也弄不清楚。冯友兰说,"《老子》之文,为简明之'经'体,可见其为战国之作品";钱穆说,《老子》是辩论体之精者,所以应在《孟子》、《荀子》之后;顾颉刚说,"《老子》书是用赋体写出的,而赋体则是战国末的新兴文体"。究竟老子之文是何种文体?人各异说,可见冯、钱、顾三位学者自己也弄不清。

总之,用文字、文体以证《老子》书成于战国末之说都是不可靠的。

(2)评用"不尚贤"以证《老子》书成于战国之说。自从张寿林窃取日人斋藤拙堂所主张由墨子之尚贤,乃有老子"不尚贤"之语之后,有些学者遂捧为至宝,用来考证《老子》书的年代,现只举钱穆与罗根泽,他们两人均以"尚贤"作为政治、社会的背景以证明"不尚贤"是尚贤政治的反动,因而《老子》书遂成于孔墨之后了。

罗根泽说:"凡是反对一种学说,必在这种学说的产生之后,否则无从反对。尚贤说的产生,以我所知,似始于孔子。继孔子而起的墨子,更特别提倡尚贤。今传说在孔子之前的老子,则反对尚贤。假使老子真在孔子之前,则是反尚贤在先,倡尚贤在后，真是历史的奇迹了。"且看《老子》的本文及诸家的解释吧！

"不尚贤，使民不争。不贵〔难得之〕货，使民不〔为〕盗。不见可欲，使民心不乱。"（三章）（〔　〕中的字，有的版本没有。）

老子之"不尚贤"与墨子之"尚贤"是风马牛不相及的东西，老子的"不尚贤"则"不自矜其能"也。前人解释得很清楚。例如成玄英说："非谓君王不尚贤人，直是学者执谦，先物后己，不自贵尚而贱人也。若能各各退己先人，则争自息。"牛妙传说："夫贤者，明敏聪慧才能也。不尚者，不自矜尚，谦辞也。既谦则光矣，天下何争之有哉？"陈碧虚说："夫人君之谦下雌静，不矜尚己之贤能，则民之从化，如风靡草，柔逊是守，何有争乎？"李约说："夫能不尚己贤，孰与我争。"绝大多数的注老者皆作如是解，结合本经"圣人为而不恃，功成而不处，其不欲见贤"之句来看，则"不尚贤"是"不自矜己之贤能"，这样的解释是对的。

这种"不自矜贤，使民不争"的思想，能说它是战国时代的思想么？不能够，因为《尚书·大禹谟》就已载："汝惟不矜，天下莫与汝争能；汝惟不伐，天下莫与汝争功。"老子的"不尚贤"，便是此意。

复次，老子在"不尚贤，使民不争"后，接着说"不贵难得之货，使民不为盗"，此即《尚书·旅獒》所说"不贵异物，贱用物，民乃足"之意，结合《大禹谟》"汝惟不矜，天下莫与汝争能"来看，则老子真是"述而不作，信而好古，孔子所窃比的老彭"了。由此又足证《老子》书成于春秋之世了。

（3）评从"礼者忠信之薄"以证《老子》书晚出之说。梁启超认为一个守礼的人若讲了反礼的话，他的书就当退至后一世纪，其说既为人所驳倒，于是梁氏的门徒不得不改变提法，以拥护礼制与反对礼制来判定老子及其书均在孔墨之后，其代表人物是钱穆的追随者熊伟及罗根泽。熊伟在其《从先秦学术思想变迁大势观测老子的年代》，旁征博引，论述从春秋末叶到六国初期的社会，只能产生儒家的讲礼和墨家反礼两个学派，洋洋数千言。但只是搬出儒家传授礼乐和墨家反礼非乐的史实，丝毫不能证明《老子》书一定在孔墨之后才出现。试问熊伟，你有什么理由判定那个社会只容许孔墨两家的一倡一反，而不容许第三者（老子）发言反礼，如果第三者老子提出"礼者忠信之薄"，就一定要退至战国末期，这不是学术上的论证，而是武断乡曲之谈。

罗根泽的论据是："倡礼是正，反礼是反；正先于反，不能反先于正。老子说，'夫礼者，忠信之薄而乱之首'，知必在孔子之后，不能在孔子之前。"（罗根泽《再论老子及老子书问题》）为此，罗根泽并读遍《战国策》，找出"礼"字十几条，确下了一番苦功，但以逻辑的论证方法，实在是错误的。谁都知道，在战国时期，已经是不讲礼、不用礼，只凭武力和权谋、争城以战、杀人盈城、争地以战、杀人盈野的社会，如果老子在这样一个不知礼为何物的社会，还去大谈"礼者乱之首"，那真是毫无意义之谈，还成为一个志存救世的哲人么？这就说明老子反礼的言论不是针对战国时的社会而发。其次，墨子反礼，庄子反礼，韩非也反礼，历时已二百多年了，何以老子一反礼，就不能是在春秋时代，而一定在战国之世？而况周公制礼在公元前11世纪，到春秋时代，领主封建社会的礼制已经腐朽不堪。春秋之初，"鲁人三世弑其君"，"春秋之中，弑君三十六"，然而封建的领主们仍努力维持礼制的门面，各种政治或武装斗争仍借礼的名义来进行。老子遭遇周室王子朝之乱，所守的典籍丧失，因而免官归里。他亲眼得见周室争夺王位的五年战争，王子朝称兵作乱失败了，就自认是为维持周家的礼制而战，以求援于诸侯。当时闵马父就评为"无礼甚矣"，而老子发出"礼者乱之首"的呼声，这是很自然的现象。而且只有在这种以礼作乱的社会来理解老子反礼之言，才能把握其意义。

如果不抱成见，实事求是地分析史实，则春秋之末，反礼之言，岂仅出于老子之口，孔子亦有之。孔子不说过"人而不仁，如礼何；人而不仁，如乐何"么？孔子不说过"礼云礼云，玉帛云乎哉；乐云乐云，钟鼓云乎哉"么？何以老子说了两句反礼的话，就要判作战国时人之言？根据罗根泽的逻辑，孔子说过"礼后乎"，也要移作战国时人说的了。

如果再深入考察春秋时的思想状况，则反对儒家之"礼烦扰而不悦，厚葬糜财而贫民，久服伤生而害事"之言，不必等待墨子才有，孔子的门徒中已经有这种思想了。例如，"宰我问三年之丧，期已久矣。君子三年不为礼，礼必坏；三年不为乐，乐必崩。旧谷既没，新谷既升，钻燧改火，期可已矣"。孔子无法驳他，只好问："于汝安乎？"宰子老实不客气地说："安！"孔子更无奈他何，只好说："汝安，则为之。"（《阳货》）孔子在这时空发了一顿牢骚，但无理由驳倒宰我"三年不为礼，礼必坏"之言。由此可见，反对烦礼、厚葬、久丧的思想，已爆发于孔氏之门了。反对礼制的思想既可出现于传授诗书礼乐的门庭，为什么攻击礼制的言论不能出现于礼乐崩溃的春秋时代？质言之，孔子之门有宰我反礼的思想，春秋之末有老子反礼的理论，这都是当时社会存在的反映。由此又证明了《老子》书是春秋社会的产物。

总之,不顾历史的实事,欲以"倡礼是正,反礼是反,正先于反"的空谈,来判定《老子》书是出现在孔墨之后,这是站不住脚的。

(4)评从思想系统以证《老子》晚出之说。梁启超曾指出:"从思想系统上论:老子的话太自由了,太激烈了……像不是春秋时人所有。"然而这只是空发议论,并无实在的论据。其后钱穆也以"思想线索"、"时代术语"来证明老子思想在孔墨之后,并引《老子》书中"道"、"气"、"阴阳"、"有无"、"自然"、"一"、"物"等哲学范畴,每一范畴后贴上一个标签,"老在庄后"或"老在孔墨后"。若按其实,钱穆连哲学的基本概念还未见得弄清,竟高谈中国古代哲学思想转变的线索,也只是乱谈一阵而已,故现只述评其论老子之"道"这一点。钱穆之言曰:

> 今按《老子》"道"字有主要之涵义,即道乃万有之始,虽天地上帝,从来认为万物之所以出者,《老子》亦谓其乃由道所生。今寻《论语》言道,仅指人事,与《老子》之道绝不相类。《墨子》言义不言道。孔、墨均浅近,而老独深远。孔、墨均质实,而老独玄妙。以

思想之进程言,《老子》断当在孔、墨之后,已无待烦论。(《关于〈老子〉成书年代之一种考察》)

试看上面引文,钱穆似乎根本不知道什么是哲学,更不懂得哲学怎样产生、要解决什么问题,徒以老子之道和孔子之道不相类以及老子之道玄远而孔、墨之道浅近,遂断孔先而老后。根据"钱穆的逻辑"以推:"老子之言深远,而钱穆之言浅陋。以思想的进程言,老子断当在钱穆之后,无待烦论。"但实事并不因"钱穆的逻辑"推得的结论而改变,钱穆固绝对不能在老子之先,而老子亦绝对不会在孔子之后。

我们知道,哲学是从传统的宗教解放出来,而哲学的根本问题是本体论与宇宙观。老子反对宗教的天(主宰的帝天),提出哲学的天(自然的常道):"道"是鸿蒙一气,逐渐分化凝成万物。故道是天地万物所以生的本原,又是天地万物所以成的规律,而天地万物是道的显现。这就是老子道气的本体论和气化的宇宙观。孔子本来信仰传统的宗教的天,后来受到老子思想的影响,也说过"大道者,所以变化而凝成万物者也"(《荀子·哀公》,亦见《大戴记》)。又说所贵乎天道者,贵其不已也。"如日月之东西相从而不已也,是天道也。不闭而能久,是天道也。无为而物成,是天道也。已成而明,是天道也。"(《礼记·哀公问》)这种动的宇宙观,亦见于《论语》,"子在川上曰,逝者如斯夫,不舍昼夜"。可见孔子所发挥的道论,也是深远玄妙的,并且是来自老子。试问钱穆,你有什么根据说"孔子言道,仅指人事"呢?你有什么根据说"老子是在孔子之后"呢?至于墨子之非儒,诚然也反对儒家之厚葬久丧,但特别反对孔子之怀疑天志和鬼神,而其推行尧、舜、禹、汤、文、武之道是同儒家一致的,故韩非把儒墨列为显学,以其同尊尧舜等也。

由此可见,钱穆所标榜的思想系统、思想线索,并不足以证明《老子》书成于战国。

第二节 战国以前无私人著作么?

冯友兰说:"孔子以前,无私人著述之事。"此则依据罗根泽的《战国前无私家著作说》而成。而罗根泽的假说,又是根据章实斋所说"古人不著书,古人未尝离事而言理,六经皆先王之政典也"而建立。"古人不著书",本来就是一个含混的命题。而章实斋同时又说:"《春秋》之义昭乎笔削……固将纲纪天人,推明大道。所以通古今之变而成一家之言。"(章学诚《文史通义》内篇四《答客问》上)肯定孔子既修《春秋》，这就推翻了"古人不著书"之说，而罗根泽所主"战国前无私家著作说"也就成了毫无根据之谈。因为孔子并非鲁史，竟敢于越权以修先王之政典——《春秋》，而成一家之言，这就证明春秋之世已有私家著作了。

现在来考察一下冯友兰和罗根泽的论据和论证方式。

冯友兰说，孔子以前没有私人的著述，我说，不对，《老子》这部书就是孔子前的私人著作。冯友兰说，我有三个丐词（孔子以前无私人著作，老子的文体非问答体，老子之文为简明的经体）合起来就足以证明《老子》书是战国时的作品。比如，一根竹竿站不起来，但三根竹竿联起来搭成架子，就一定站起来。我说，不对！从逻辑说，一个丐词固不足以证明论题，三个丐词联起来仍不足以证明论题，因丐词总是丐词，绝不会成为充足理由。比如，一个瞎子看不见东西，三个瞎子合起来仍然看不见东西。因为瞎子总是瞎子，三个瞎子合起来一定不会成为"光子"。

罗根泽说："战国著录书无战国前私家著作。"①我说，不对！《尸子·广泽》篇列举六家，有孔子，孔子固春秋时人，并作《春秋》；荀子《非十二子》篇列举十二家，有邓

---

① 这里所引罗根泽之说，皆见于他著的《战国前无私家著作说》，《古史辨》第四册。

析、史䲡，邓析和史䲡固春秋时人，邓析曾著《竹刑》；《天论》篇列举四家，有老子，曾著《道德经》，固春秋时人也；韩非《显学》篇列举儒墨两大派，儒家中有"子张氏之儒"，子张显然是春秋时人也；《吕氏春秋·不二》篇列举十家，先老聃，后孔子，老聃和孔子显然是春秋时人也；庄子《天下》篇有"关尹老聃闻其风而悦之"，《天下》篇的作者固肯定老聃、关尹是春秋时人也。由此可见，罗根泽所列举"战国著录书"中没有一种不包括春秋时的人和春秋时的书，这就证明"战国时著录书无战国前私家著作"之说是完全错误的；反过来，竟证明了"战国前已有私家著作"。

罗根泽说："《汉志》所载战国前私家著作皆属伪托。"我说，不对。《汉志·诸子略》儒家有《曾子》、《漆雕子》、《宓子》；阴阳家有《宋司星子韦》。这些书的作者尽属春秋时人，而其书尽已佚失，罗根泽绝对没有见过这些书。请问罗先生，你没看见过的书，能断其尽属伪托么？

罗根泽又说："《左》、《国》、《公》、《榖》及其他战国初年书不引战国前私家著作。"我说，不对。第一，《左》、《公》、《榖》（特别是《左传》）大量引用了孔子所编著的《诗》、《书》、《易》的词句，并引用了许多"孔子曰"。这就否定了"《左》、《国》、《公》、《榖》不引战国前私家著作"这一论断。第二,《论语》和《墨子》也不是不引战国前私家著作,《论语》载:"或曰,以德报怨,何如?"这显然是引用了《老子》书"大小多少,报怨以德"。而《墨子》佚文固有:"故老子曰,道冲而用之,有弗盈也。"(《御览》兵部,五十三《胜》)这是现行《老子》书第四章中的话。第三,就《孟子》、《荀子》来看,现存《孟子》七篇确没有明引老子之言,然孟子"民贵君轻"之说则本之于老子之"贵以贱为本","养气"之说则本之于老子之"专气致柔";至于《荀子》固有"言谈议说已无异于老墨而不知分"(《韩诗外传》引)。是则孟荀或明或隐引用了战国前的私家著作——《老子》。第四,再就《庄子》来看,《庄子》书曾大量引了现存《老子》书之言,谁都无法否认。但罗先生又以"断章取义"的方式,限定《庄子》内篇以作论据。好吧,我们来看看《庄子》内篇。《大宗师》载:"夫道……自本自根,未有天地,自古以固存,神鬼神帝,生天生地。"这不是《老子》书二十五章"有物混成,先天地生"之义么?《应帝王》载:"老聃曰:明王之治,功盖天下而似不自己,化贷万物而民弗恃"。这不同于《老子》书七十七章"圣人为而不恃,功成而不处,其不欲见贤"么?两文相较,只是词句有异,而内容全同。可见《庄子》内篇同样引用老子之言。由此种种证据，可以完全否定"战国初年书不引战国前私家著作"之说，反而充分证实先秦古册引用了战国前私家著作。

综而观之，罗根泽的"战国前无私家著作说"，并不如冯友兰所说，是用完全归纳法所证实的结论，而是任意选材、随心所欲抄引有利于自己所立论题的证据、抛弃不利于自己所立论题的证据。遇着无法否认的史料，则武断为"尽属伪托"，以证实其主观的成见而已。

至于孔子何以是第一个著书立说？冯友兰认为孔子第一个开私人讲学之风。由于教学的需要，所以删正六经，以教弟子，才有私人的著述。这样的论证是站不住脚的。

在春秋末叶，孔子才是第一个私人讲学的人么？据我看，不见得。何以？因为一种职业的兴起，必定由于社会的需要，并不由于个人的愿望和才能，孔子之以教书为职业也不例外。

众所周知，王充《论衡·讲瑞》篇就曾指出："少正卯在鲁与孔子并。孔子之门，三盈三虚，唯颜渊不去，颜渊独知孔子圣也。夫门人去孔子，归少正卯，不徒不能知孔子之圣，又不能知少正卯，门人皆惑。子贡曰：'夫少正卯鲁之闻人也，子为政，何以先之？'孔子曰：'赐退，非尔所及。'"王充这段引述，绝非向壁虚造，而是必有所本。如果没有其他证据证明其为伪，则不得不承认其为实事。故此一记载，至少足以证明少正卯也曾大招学生，以教书为职业，也就是说，至少足以证明春秋末叶，除孔子外，以教书为职业的大有其人，这是合乎当时社会发展的实际情况的。

还有，孔子以六艺教人之时，邓析亦以刑名辩讼教人，"邓析……与民之有狱者约，大狱一衣，小狱襦裤。民之献衣襦裤而学讼者，不可胜数"（《吕氏春秋·离谓》）。这好像孔子之"自行束脩以上，吾未尝无诲焉"一样。

最后，《庄子》内篇载："鲁有兀者王骀，从之游者，与仲尼相若。"这是不可以《庄子》寓言十九轻轻地否认的，因为从这段记载可以看出当时以教书为职业者颇多的情况。

总之，孔子以六艺教人，曾删订六经以为课本。邓析以辩讼教人，曾著《竹刑》并留下《邓析》二篇。老子虽未开庭设教，而向他问学者大有其人，如孔子和杨朱之流，那么，老子从事著述，留下五千余言，并没有什么稀奇，而是理所当然的事。

据我们的看法，春秋之时，私人著书之风已开，至战国而大盛，这是合乎学术发展的规律的。无征不信，试予论证于下：

古者学术在官，诚为实事，但在春秋末叶，王官失守，散在民间，私学才有兴起的可能性。比如说，孔子曾"见于郯子而学之。既而告人曰，吾闻之，天子失官，学在四夷，犹信"（《左传·昭公十七年》）。由此可以想见，王官散在民间，本其所学以教人，当不在少数，而其所教当不限于儒家所传的六艺，老子显然是散在民间的王官之一。私学由是而兴，私家著作由是而起。而且古代著作，种类颇多，据诸子书引用的书名，远远超过罗根泽《战国前无私家著作说》所征引者。姑举若干例于下：

《老子》引"《建言》有之曰，明道若昧，进道若退"。又引"《用兵》有言，吾不敢为主而为客"。《墨子·大取》篇引"《语经》，语经也"。《庄子·人间世》引"故《法言》曰，传其常情，无传其溢言，则几乎全"。《荀子·解蔽》篇引"故《道经》曰，人心之危，道心之微"。由上引文，可见古籍有《建言》、《法言》、《语经》、《道经》，而《用兵》有言，显然是兵书。这些书完全丧失，难保其中必无私人著作。盖《老子》五千言名《道德经》，而荀子引作《道经》，必古来有是书，而非荀子所改题者。或者"人心之危，道心之微"，《老子》原有是语。

其次，私人著作，其源甚古，在周初已经有了。这些著作现虽不存，然其断片犹留存于《左传》等书，如周任之言，史佚之志。试引证之于下：

周任有言曰：为国家者，见恶如农夫之务去草焉，芟夷蕴崇之，绝其本根，勿使能殖，则善者信矣。（《左传·隐公六年》）

周任有言曰：为政者不赏私劳，不罚私怨。（《左传·昭公五年》）

周任有言曰："陈力就列，不能者止。"危而不持，颠而不扶，则将焉用彼相矣。（《论语·季氏》）

史佚有言曰："兄弟致美。"救乏、贺善、吊灾、祭敬、丧哀，情虽不同，毋绝其爱，亲之道也。（《左传·文公十五年》）

史佚之志有之曰：非我族类，其心必异。（《左传·成公四年》）

史佚曰："非羁何忌。"（《左传·昭公元年》）

史佚所谓"毋怙乱"者，谓是类也。（《左传·宣公十二年》）

史佚有言曰："因重而抚之。"（《左传·襄公十四年》）

昔史佚有言曰："动莫若敬，居莫若俭，德莫若让，

事莫若咨。"(《国语·周语》第三)

从"史佚之志有之曰"这句话，可见史佚曾有著述流传于后世，所以后人多用其"志"之所记载以为论据。罗根泽说"引史佚之志，志即史"，这是错误的。试举例以证其误，张衡引"故《道志》之言云，有物混成，先天地生"。可见《道志》即《老子》书或《道德经》，《左传》引《军志》即是后世的"兵书"。可见志即书，史佚之志即史佚之书，而周任之言，亦可类推，是周任之书。如果无其书，则孔子、左丘明何从引得其言？这岂不证实周初已有私人著述么？

或曰，周任、史佚皆史官也，故非私人著述。但反问一句，老子不是周之征藏史么？司马迁是汉之太史，他作的《史记》不是私人著作么？再反问一句，孔子并非鲁国的史官，凭什么资格居然修起《春秋》来？孔子所修的《春秋》不是私人著作么？

或曰，孔子著书，未尝舍事而言理，而是即事以言理。请问，即事以言理的书不是私人著述么？请问，春秋之时，孔子既可从事"即事以言理"的著述，何以同一时代的人不得从事"舍事言理"的著作？

历史的事实告诉我们，春秋是中国社会大转变时期，是中国学术思想大飞跃时期，产生了许多卓越的大政治家、大军事家、大思想家。齐人孙武创兵家，鲁人孔丘创儒家，郑人邓析创名家，陈人老聃创道家。他们的著作与遗留的言论，规模宏大，开辟了战国百家争鸣的道路，并为中国文化放一异彩。

先谈兵家。《孙子兵法》是古代世界上最杰出的军事哲学著作，用不着介绍，现只考察《孙子》成书的历史基础。据《左传》，类似《孙子兵法》的军事著作早已存在。兹引述而予以说明于下：

《军志》曰："允当则归。"又曰："知难而退。"又曰："有德不可敌。"（《左传·僖公二十八年》）

宣子曰："先人有夺人之心，军之善谋也。"……训卒利兵，秣马蓐食，潜师夜起，戊子，败秦师于令狐。（《左传·文公七年》）

孙叔曰："进之，宁我薄人，无人薄我。"《军志》曰，"先人有夺人之心"，薄之也。遂疾进师，车驰卒奔，乘晋军。桓子不知所为。（《左传·宣公十二年》）

宋厨人濮曰：《军志》有之，"先人有夺人之心，后人有待其衰"。盖及其劳且未定也，伐诸。（《左传·昭公二十一年》）

试分析引文，就可得到如下的结论：第一，从宣子等三人皆引"先人有夺人之心"这句话，可见《军志》是孔子前的军事著作，并可能是同一本著作；第二，宣子等三人皆用同一军事原理，战胜了敌人；第三，"先人有夺人之心"这一军事原理，同乎《孙子》所说"攻其无备，出其不意"的原则，可见春秋时已有"舍事而言理"的军事著作了。

其次，春秋之时，战争频繁，出了许多军事家，积累了许多军事经验。例如："不备不虞，不可以师。"（《左传·隐公五年》）"夫兵犹火也，弗戢将自焚。"（《左传·隐公四年》）"弗许而后战，所以怒我而怠寇也。"（《左传·桓公八年》）"师克在和不在众。"（《左传·桓公十一年》）"夫战，勇气也。一鼓作气，再而衰，三而竭。彼竭我盈，故克之。"（《左传·庄公十年》）"请深垒固军以待之。"（《左传·文公十二年》）"我能往，寇亦能往。"（《左传·文公十六年》）"用少，莫如齐致死。齐致死，莫如去备。"（《左传·昭公二十一年》）"若为三师以肄焉，一师至，彼必皆出，彼出则归，彼归则出，楚必道敝。亟肄以罢之，多方以误之。既罢而后以三军继之，必大败之。"（《左传·昭公三十年》）

孙武依据已有的《军志》和当时武将们作战取得胜利的战

略，总结了古代和当时的经验，归纳为战争的规律，以著兵法十三篇，成为军事学的经典。由此可得出结论：第一，《孙子兵法》是春秋时私人著作；第二，《孙子兵法》不是军事的历史，而是军事理论的书，是"舍事而言理"的兵书。

再谈刑名家。《左传·昭公六年》，"郑人铸刑书"，这部刑书是否子产所作，不得而知。但昭公三十年，"晋赋一鼓铁以铸刑鼎，著范宣子所为《刑书》焉"。可见晋国的刑书是范宣子私人所著的。定公九年，"郑驷歂杀邓析而用其竹刑"，可见邓析私人又造了一部新刑书，他虽被杀，然而他的《刑书》仍为郑国所施行。准此，邓析的私人著作竟成了"先王的政典"了，由此以推，孔子造作先王的政典——《春秋》等书，没有被季氏之流捉去砍头，真是万幸；然而"古人不著书"之说是不能成立的。

其次，邓析不仅是一个法律家，而且是一个逻辑家，可能是"名家"的创始人，此则根据荀子曾攻击惠施、邓析"好治怪说，玩琦辩……足以欺惑愚众"，把邓析和惠施当作一派而非之。《吕氏春秋·离谓》篇亦大骂邓析"以非为是，以是为非"。可见邓析有一套逻辑，违反了封建领主统治阶级利益，故封建领主阶级的学者一致抨击它。可惜他著的书《邓析》二篇已佚（现存的《邓析子》是假的），无从论列。但有一点可以断定，邓析私人著了一本逻辑的书。

第三谈谈阴阳家。春秋末期，出现了一批有名的术数之士，如郑神灶、周苌弘、鲁梓慎等，他们治天官、历谱之学，据天象以预言国家的兴亡或何种灾祸。很显然，他们是阴阳家的前驱，而且他们之中有的曾著过书，如宋之子韦曾留下《宋司星子韦》三篇。由此可见，在春秋之时，阴阳家的学者曾从事私人的著述。

第四略谈儒家。孔子写过书，这是公认的，所争的只是孔子著书（作）或孔子编书（述）而已。这不值得争，因为不论是著书或是编书，总属于著述事业，而况一部书编得好，并不下于著一本书，例如《昭明文选》。至于孔子之于六经，说他编著的，较为确切。盖孔子为教书或为传播文化曾编著六种经籍，除去"儒增"的部分，可以肯定：他编过"诗歌选集"、"政治文诰选集"、"礼书纲要"，他曾赞过《易》，修过《春秋》。由此可见，开创儒家的孔子，他私人曾编著了大量的书。

最后略谈道家。众所周知，《孙子兵法》是中国古代最杰出的军事著作，对全世界都有影响，《老子》书是中国古代最杰出的哲学著作，对全世界都有影响，而且两书都是春秋末期社会的产物，反映了中国学术思想大飞跃的时代精神。至于梁启超说《孙子》一书,"若指为孙武作,则可决其伪,若指为孙膑作,亦可谓之真"①,这真是妄谈;而他谓《老子》书是战国末期的作品,乃抄袭日本人斋藤拙堂的谬论以趋时髦的妄谈。

总之,道、儒、名、法、阴阳诸家皆开创于春秋末叶,而各家的创始者或先驱者皆有私家著作流传于后代。可见战国前或孔子前无私人著述之说,妄也!

第三节 《老子》书成于何时?

关于《老子》成书的时代,真是异说纷纭,从孔子后到刘安前都有,其时间的差距,近四百年。如果实事求是地编中国哲学史,真不知该把老子哲学放在何一时代呢。故我们不得不逐一审订其真伪,审查的结果,这些说法都与历史的记载不相符,所以都是假的。

(1)驳《老子》书成于西汉初之说。刘节说:"老子的五千言,在西汉文景之间才出现。"(《古史考存·老子考》)

---

① 梁启超《中国历史研究法》。1972年银雀山汉墓出土的兵书就有《孙子兵法》和《孙膑兵法》。1973年马王堆出土了两种帛书《老子》,充分证实梁启超之言是妄谈。1980年1月4日再校时注。

而顾颉刚则主张《老子》的成书时间在《吕氏春秋》至《淮南子》二者之间（《从〈吕氏春秋〉推测〈老子〉之成书年代》，载《古史辨》）。刘节所立论题的论据是"思想线索"和"思想系统"，所以他说，"孟子攻击杨墨，荀子攻击慎墨，而老墨到了荀子的时候还不能并称"。然而荀子本人确已老墨并称，他说"言谈议说已无异于老墨而不知分"。这一句话就已驳倒刘节的论证。然而主要的问题，《老子》书究竟是否成于西汉之初？这只有用历史的实事来评定。我们来查一下历史吧。

首先，《汉书》载："河间献王德以孝景前二年立……献王所得书皆古文先秦旧书。《周官》、《尚书》、《礼》、《礼记》、《孟子》、《老子》之属，皆经、传、说、记，七十子之徒所论。"献王所得的《老子》书是古文，是先秦旧书。这就证明《老子》书在文景之前早已流行了。《老子》也有经、传、说、记，证以《汉书·艺文志》，这是可能的。《汉志》载："《老子邻氏经传》四篇（姓李，名耳。邻氏传其学）；《老子傅氏经说》三十七篇（述老子学）；《老子徐氏经说》六篇（字少季，临淮人，传老子）。"传老子之学者有三家，其中有"经""传""说"，可见《老子》称经，由来已久。

其次，汉初黄老之学大兴，窦太后好《老子》书，景帝及诸窦不得不读《老子》。而其时能发挥老子之学，唯《淮南鸿烈》一书，书中引证老子学说的地方颇多，兹作一小统计：《原道训》有十五条，《俶真训》有三条，《览冥训》有两条，《精神训》有三条，《主术训》有五条，《齐俗训》有四条，《道应训》有五十五条，《诠言训》有一条，《人间训》有两条。总共九十条。而《道应训》完全举例以说明《老子》书的某句话或几句话，类似韩非的《喻老》。由此可见，一定在刘安之前《老子》书已存在，刘安才能大量引证。

最后，谢守灏《老君实录》载："《道德经》唐傅奕考校众本，勘数其字云：项羽妾本，齐武平五年彭城人开项羽妾冢得之。"①由项羽妾冢竟发掘《老子》书，可见《老子》书在秦时已经是流行很普遍的书，也就是影响很大的书，否则，项羽之妾冢何由而藏此书呢？

以上历史的记载皆证明《老子》是先秦的旧书，并驳斥了出现于文景之世或成书于刘安前之说。

现在另一问题，《老子》书是否如顾颉刚所说乃吕不韦时

---

① 引自彭耜《道德真经集注杂说》。现在发掘出《马王堆汉墓帛书老子》，不仅驳倒刘节的谬说，并证明"彭城人开项羽妾冢得《老子》书，傅奕据之以考校众本"是真的。1979年3月19日校注。

代人写的呢？不是的。请看下列的证据。《吕氏春秋》引用老子之言相当多，姑举少量。

《大乐》篇："道也者，至精也。不可为形，不可为名。强为之'名'，谓之太一。"（二十五章）

《制乐》篇："故祸兮福之所倚，福兮祸之所伏。圣人所独见，众人焉知其极。"（五十八章）

《乐成》篇："大智不形，大器晚成，大音希声。"（四十一章）

《君守》篇："故曰，'不出户而知天下，不窥牖而知天道'（高诱注：故曰者，本老子《德经》之言，下二语亦是），其出弥远者，其知弥少。"（四十七章）

《别类》篇："知不知，上矣。"（七十一章）

由此可见，一定先有《老子》一书存在于社会，然后吕不韦的门客著论时才能援用老子之言以为论据，或发挥老子之言而成为一套理论，这是一般的规律。但是顾颉刚还强辩，说什么"《吕氏春秋》援引他书则举书名，引用人言则举其人之名。唯独用老子之言，不称老子之名，所以《吕氏春秋》成书的时候，《老子》还没有成书"（顾颉刚：《从〈吕氏春秋〉

推测〈老子〉之成书年代》)。

《贵公》篇:"荆人有遗弓者而不肯索,曰:'荆人遗之,荆人得之,又何索焉。'孔子闻之曰:'去其荆可矣。'老聃闻之曰:'去其人可矣。'故老聃则至公矣。天地大矣,生而弗子,成而弗有。"从孔、老二人对于同一实事所作评论不同,可以看出老子与孔子同时。从"生而弗子,成而弗有"这两句话来看,很显然是引老子的"生而不有,为而不恃"。可见顾颉刚所说《吕氏春秋》引书没有称老子之名是错误的。

《去尤》篇:"故知美之恶,知恶之美,然后能知美恶,老聃则得之矣。"这和《老子》书所说"天下皆知美之为美,斯恶矣"若合符节。可见《去尤》篇的作者看过《老子》书,才能说出"老聃则得之矣"。

凡此种种均证明《老子》一书并不是成于《吕氏春秋》之后,而是成于《吕氏春秋》之前。足证顾说非也。

(2)驳《老子》书成于战国末期(约在韩非、荀卿之时)之说。

众所周知,韩非有《解老》篇、《喻老》篇之作。我们知道,一本书有人为它作注解,必定是这本书有价值而又流行很广。譬如,《淮南鸿烈》是前汉的作品,到后汉许慎才为之作注解。《史记》也是前汉的作品,迄宋之徐广才为之作音义。

而《老子》一书，在公元前3世纪韩非就作《解老》和《喻老》两篇，可见《老子》书存在已久，流行普遍了。①而且韩非所解所喻的，在今本《道德经》都有，其数量颇多，共六十七处。由此可以断定：当韩非解老之时，《老子》书至少存在了二百年。

如果我们细心地阅读《解老》篇，就可发现韩非解释"治人事天莫如啬"曾指明"书之所谓治人者，适动静之节，省思虑之费也"。这个"书"字很显然指《老子》这本书。当解释"行于大道"，也指出"书之所谓大道也者，端道也"。这个"书"字也显然是《老子》这本书。当解释"深其根，固其柢，长生久视之道"，又指明"根者书之所谓柢也"。这个"书"字无疑是指《老子》这本书。由于有了《老子》书且为《老子》书作注解，故一则曰"书之所谓"，再则曰"书之所谓"，这是注书的公例。可是刘节反而说韩非子引老子的话是说"老聃之言曰"，引《丹书》的话，却说"书之言曰"，以证明他所幻想的《丹书》是《老子》书，这种说法是不妥当

---

① 现在通行的《老子》本都是《道经》在前，《德经》在后，但马王堆新出土《帛书老子》甲本、乙本都是《德经》在前，而《道经》在后。《韩非子·解老》首先解《德经》第一章，解《道经》第一章的文字放全篇后部，可见韩非所解《道德经》必另有其本。由此证明我们的解释是正确的。

的。诚然,《六微》篇有"'其说在老聃之言失鱼也。'……故曰:'国之利器,不可以示人'",然而《喻老》篇同样有"鱼不可脱于渊,国之利器,不可以示人"的话,这就证明了"书之所谓"是指老聃著的书,而不是刘节所幻想的《丹书》。准此,从韩非《解老》篇的本文更充分证实了《老子》书存在于韩非之前。

但容肇祖说,《解老》、《喻老》两篇不是韩非作的。试问容肇祖有什么根据作出这样的断定呢?因他认为"《解老》、《喻老》是解释微妙之言,这和韩非所说'微妙之言,上智之所难知'的主张相冲突"。但我们知道韩非是一个法理学者,并不是一头蠢猪,怎么不能解释"微妙之言"?韩非也可算得上智,也许韩非把上智所难知的微妙之言解释成平易近理,《解老》、《喻老》本身就可做证。而况《史记》明明是老子与韩非同传,司马迁不为无见,其学说的渊源与演变尚可得而言,韩非之"法"固以老子之"道"为根据,故不得说《解老》、《喻老》不是韩非所著。

又有人说,韩非《解老》是解老子之言,不是解老聃之言,因为老子不是老聃。那么,请看韩非之文:

《内储说下·六微》篇:"经曰:'其说在老聃之言失鱼也。'说曰:'势重者,人主之渊也;臣者,势重之鱼也。鱼失于渊而不可复得也；人主失其势重于臣，而不可复收也。古之人难正言，故托之于鱼。……故曰：'国之利器，不可以示人。'（《道德经》三十六章）"

《六反》篇："老聃有言曰：'知足不辱，知止不殆。'（《道德经》四十四章）"

《难三》篇："老子曰：'以智治国，国之贼也'，其子产之谓矣。（《道德经》六十五章）"

由此可见，韩非所解所喻就是老聃所著的书，并非于老聃之外，别有一老子之书。

由此可以断定《老子》成书在韩非之前，韩非才能解之喻之。

韩非的老师是荀卿，荀子对老子怎样说呢？《天论》篇说："慎子有见于后，无见于先；老子有见于诎，无见于信（申）；有诎而无信，则贵贱不分。"荀子博学，其言必有据，他的批评是尖锐的，然而能击中要害。试翻《老子》书查对一下，老子确是"有见于诎"之论；而"无见于信"的批评亦非不当。至于说老子对"贵贱不分"，虽为荀子批评之言，但又证明老子哲学是站在庶民方面。由此可见，荀子一定见到《老子》全书而后才能作出扼要的批判。

而且在荀子之时，老子的学说流行颇广泛，影响于儒家者也颇巨大，故荀子批评某些儒家"其言谈议说已无异于老墨而不知分，是俗儒者也"。可见老子的思想已深入儒者之徒，故荀子骂他们为俗儒。若考其实，荀子本人的思想亦已受老子哲学的影响，而且既深且巨，特别在"道论"方面。据我看，荀子曾深入研究《老子》书，并吸收老子的"天道自然观"，以改造儒家的哲学。

依据《荀子》和《韩非子》两书，无论从语言形式或思想内容方面来说，都推翻《老子》书成于战国末期之说。

（3）驳《老子》书成于孟子和庄子后之说。杨荣国说《老子》书纯由后人杂袭庄子之文而成，并说"《老子》书是对庄子'道'的不纯粹部分的发挥"。熊十力评这种说法"只是不学之过耳"，"其愚妄不足道"。这个批评实相当尖锐，发人深省。

据苏舆说："《庄子·骈拇》下四篇，多释老子之义。周虽悦老风，自命固绝高，观《天下》篇可见。四篇于申老外，别无精义。"这是真的，如《马蹄》篇只是发挥老子"无为而自化"一语，《胠箧》篇只是发挥"绝圣弃智"一语，而演为一篇论文。这表明老子的书早已存在，然后庄子或庄派据老子一言以为题，据题以立论。可见，说《老子》书发挥庄子"道"的不纯部分，无异于说《论语》发挥了《孟子》书中的唯心论。

《庄子》引用《老子》之文颇多，大致可分作三类：一是直引原文，不加引语；二是用"是谓"；三是用"故曰"。三者形式虽异，然皆出自《老子》。

第一类：直引原文，不加引语。

"当是时也，'民结绳而用之，甘其食，美其服，安其居，乐其俗，邻国相望，鸡犬之声相闻，民至老死而不相往来'"（《老子》八十章）。"若此之时，则至治矣"（《胠箧》）。

"故绝圣弃知，大盗乃止。"（《胠箧》）上一语为老子本文，下一语乃庄子或庄派所加之语。

"万物云云，各复其根。"（《在宥》，《老子》十六章）。

"故贵以身于为天下，则可以托天下；爱以身于为天下，则可以寄天下。"（《在宥》，《老子》十三章）

"则'知者不言，言者不知'，而世岂识之哉。"（《天道》前两语见《老子》五十六章）

"充满天地，'既以与人，己愈有'。"（《田子方》，后两语见《老子》八十一章）

"夫知者不言，言者不知。故圣人行不言之教。"（《知

北游》，《老子》五十六章及第二章）

第二类："是谓"。

"茫然彷徨乎尘垢之外，逍遥乎无事之业，是谓为而不恃，长而不宰。"（《达生》）此二语三见于《老子》书。如果作《老子》书者是袭取《庄子》之文，在五千余言之中，竟抄三次；天下竟有这样笨伯么？

第三类："故曰"。

"故曰，'失道而后德，失德而后仁，失仁而后义，失义而后礼。礼者，道之华，而乱之首也'。"（《知北游》，《老子》三十八章）

"故曰，'鱼不可脱于渊，国之利器不可以示人'，彼圣人者，天下之利器也。"（《胠箧》，《老子》三十六章）

这两处《庄子》的引文，亦见韩非《解老》、《喻老》两篇。庄子和韩非的解释并不相同，这可证明庄子或其门徒乃引用《老子》书，绝不是老子引用庄子之言。

"故曰，'大巧若拙'。"（《胠箧》，《老子》四十五章）

"故曰，'为道日损，损之又损，以至于无为，无为而无不为也'。"（《知北游》，《老子》四十八章）

"昔吾闻之大成之人曰：'自伐者无功。'"（《山

木》，《老子》二十四章）

古人引书不必标出作者和书名，而只用"故曰"二字，以表引用别人之言。可见上述四个"故曰"，无疑是引用《道德经》之言。而且"大成之人"相当于"古之博大真人"，显然是指老子。"大成之人曰"相当于"老子曰"，这更足证明庄子引用老子之言，同时亦证明《老子》书成于庄子之前。

但有人说，上引的"故曰"本不是老子的话，乃后之作《老子》书者采用《庄子》书中之言以充篇幅。为此，我们必须另举例以证之。

《寓言》篇载"阳子居南之沛……老子曰：大白若辱，盛德若不足"（《老子》四十一章）。

《庚桑楚》篇载"老子曰：卫生之经，能抱一乎……儿子终日嗥而嗌不嗄，和之至也……"（《老子》五十五章）。

《天下》篇载"老聃曰，知其雄，守其雌，为天下溪；知其白，守其辱，为天下谷"（《老子》二十八章）。

或曰，这是庄子寓言。如果《天下》篇所记的是寓言，那么，墨翟、禽滑釐、田骈、惠施、公孙龙，连庄周本身都否定了。侥幸得很，世上尚无这样狂人连墨翟、庄周等皆视为寓言而否定之。那么，上引"老子曰"和"老聃曰"是可信赖的，举一反三，则上引"故曰"等都是根据《老子》书而来的，而老子与老聃也本是一人。

由此可以下一结论，《老子》书是成于庄子之前。

但梁启超又说，《老子》成于孟子之后。这是一个难题，因为现存《孟子》书没有提到老子。然而这不是不能证明《老子》作于《孟子》之前，也就是说，可用孟子同时代的人来证明《老子》书先孟子而存在。

《国策·魏策一》载"魏公叔痤为魏将，故老子曰：'圣人无积，既以为人，己愈有，既以与人，己愈多。'"（《老子》八十一章）

《国策·齐第四》载"颜斶曰，……老子曰：'虽贵必以贱为本，虽高必以下为基。是以侯王称孤寡不穀，是其贱之本，欤非？'（《老子》三十九章）孤寡者，人之困贱下位也。而侯王以自谓，岂非下人而尊贵士欤？"

按颜斶确是安步以当车，晚食以当肉，高尚其志，不为威屈，不事侯王的人，颇有隐君子之风。颜斶当齐宣王之时，年龄颇高，他已读老子之书，行老子之教，可见老子之书在齐宣王之前已有了，亦即在孟子之前已有了。

由此可以证明《老子》书存在于孟庄之前，同时也就否定了《老子》书成于孟庄后之说。

（4）驳《老子》书成于墨子之后说。梁启超力主《老子》

书出现于墨子之后，故他说："墨子、孟子都是极好批评的人……何故始终不提一字？"墨子真的对老子一字不提么？那就不见得了，《太平御览》就引过：

"墨子曰：善持胜者以强为弱，故老子曰，'道冲而用之又弗盈也'。"这见于现行《老子》第四章，然而现行《墨子》书竟没有这句话。准此，《太平御览》所引当在《墨子》佚篇之中。由此可见，以现存先秦古籍未见某人之言来证在某人之后，显然是极不可靠的。

复次，现行《墨子·亲士》篇还保存着一些与《老子》书有关联的文字。如"太上无败"，此则《老子》书"太上不知有之"及"无为故无败"之旨；又如"故曰，太盛难守"，此则《老子》书"金玉满室，莫之能守"之义；又如"锐者必先挫"，此则庄子引"老子曰，锐则挫矣"之意；又如"是以甘井近竭，招木近伐"，亦见《庄子·山木》篇"直木先伐，甘井先竭"，此则老子所说"揣而锐之，不可长保"之意。准此，我们不能说《墨子》书对老子始终不提一字。

由上所引，足以证明《老子》书在墨子之前就有了。《老子》成书既在墨子之前，这就证明《老子》书在春秋时已有了。何以见得？积极的证据是《论语》已记载着老子的话了。

"或曰，'以德报怨，何如？'孔子曰，'何以报德？

以直报怨，以德报德。'"（《宪问》）"以德报怨"不就是《老子》书所说"报怨以德"么？这大概有人看到《老子》书或闻到老子之言，因而向孔子提出这一问题，故孔子委婉地对老子"报怨以德"之说提出批评。

复次，《论语》载"有若无，实若虚"，这和《老子》书"上德若谷，大盈若虚"之言不相符合么？《论语》载"无为而治，岂舜也欤"，以及"予欲无言，天何言哉"，这和《老子》书所说"圣人处无为之事，行不言之教"不相符合么？《论语》载"吾有知乎哉？无知也"，这和《老子》书所说"知不知，上"之言不相符合么？"孔子曰：夫水遍与诸生而无为也似德……其洸洸乎不淈尽似道"（《荀子·宥坐》），这和"老子曰，上善若水。水善利万物而不争……故几于道"之言不相近么？

有人说，"《老子》书中这些话都是受了孔子的影响，进一步发展出来的哲学"。但我反问一句，何以儒家的书，道家的书以及先秦其他各家之书所记载都说"孔子学于老聃"，并没有一本先秦古籍说"老子学于孔丘"呢？因此，只能说上引《论语》中孔子的话是受到老子思想的影响，绝对不能说《老子》书中之言乃受到孔子思想的影响。否则，是倒果为因之谈。请看刘向《说苑·敬慎》篇的记载：

> 韩平子问于叔向曰:"刚与柔孰坚?"对曰:……老聃有言曰,"天下之至柔,驰骋乎天下之至坚"。(《老子》四十三章)又曰,"人之生也柔弱,其死也刚强。万物草木之生也柔脆,其死也枯槁"。因此观之,"柔弱者生之徒也,刚强者死之徒也"(《老子》七十六章)。

由此可见,老聃之言在叔向之时已流传出来。而叔向是与孔子同时而先于孔子,可见老聃之言在孔子时已流传。《说苑》虽是后出之书,但所依据必是先秦古籍,故以《说苑》记载叔向引老聃之言作为旁证,与《论语》所记"以德报怨"相结合,则成为铁证,足证《老子》书是成于春秋末叶。

第四节 《老子》书是谁著的?

我们在上面已指出:春秋时代是中国学术思想大飞跃的时代,儒家孔子据鲁史以成《春秋》,兵家孙武总结军事经验以著《孙子兵法》,刑名家邓析也作了《邓析子》二篇,道家老子亦写了《道德经》五千余言,这是理所当然的事。但自现代"疑老"之说兴,有的说《老子》书是詹何著的,有的说《老子》书是李耳著的,有的说《老子》书是杨朱著的,有的说《老子》书是《丹书》。

钱穆说:"《老子》书作者为詹何。"我们只需指出韩非指斥"詹何是愚之首",就可驳倒詹何为《老子》书的作者之说。韩非之言曰:"前识者,无缘而妄意度也,何以论之?詹何坐,弟子待,有牛鸣于门外。弟子曰:'是黑牛也,而白在其题。'詹何曰:'然,是黑牛也,而白在其角。'使人视之,果黑牛而以布裹其角。以詹子之术,婴众人之心,华焉殆矣!故曰:'道之华也。'……故以詹子之察也,苦心伤神,而后与五尺之愚童子同功,是以曰,'愚之首也'。"(《解老》)韩非既注解《老子》书,如果"《老子》书的作者是詹何",韩非还骂詹何为愚之首么?

刘节说:"《老子》书是《丹书》。"但什么是《丹书》呢?连刘节先生本人都不大清楚,怎样证明《老子》是《丹书》演变而来?

李泰棻说:"《老子》是杨朱写的。"他的论据是"先秦诸子无其徒,六家九流无其说,汉志无其书,人表无其名,庄子《天下》篇、荀子《非十二子》,无其说的是杨朱",由此来证明"《老子》一定是杨朱写的"。一个无门徒、无理论、无著作的人物,就一定是《老子》书的写定者,世界上竟有这样的怪逻辑!然而李泰棻竟用这样的怪逻辑来论证杨朱写定《老子》书，他根据庄子《天下》篇对杨朱"一字不提"，从而断定"除了把杨朱认为是《老子》的执笔者，是无法理解的了"；根据"荀子《非十二子》，……独不及孔墨，亦无杨朱"，从而断定"荀子也承认《老子》的执笔者是杨朱"；根据"庄子之徒……评道不及老聃，而以杨朱代"，从而断定"写定《老子》一书的，自非杨朱莫属"。这真是奇谈怪论。尤其可笑的，李泰棻竟说："《荀子·儒效》篇谓：'言谈议论，已无异于老墨而不知分，是俗儒者也。'"据我看，李泰棻似乎连《荀子·儒效》篇都没有读过，何以见得？因为《儒效》篇所载是："其言议谈说已无以异于墨子矣，然而明不能别，……是俗儒者也。"陈澧《东塾读书记》所引的，乃据《韩诗外传》，李泰棻竟不知分，是俗儒者也。然而李泰棻竟自我吹嘘："准之以上种种证据，杨朱作为《老子》的写定人，可以说理由充足的。"

最后，谈一谈《老子》书与环渊的关系。据郭沫若说："《史记》称环渊学黄老道德之术，因发明序其指意，著《上下篇》。这《上下篇》即老子《道德经》。关尹据老聃的遗说，用赞颂式的体裁，加以发明，把它整理（序）出来的。"（《十批判书》）据郭沫若之说以推，老子的《道德经》早已存在了，环渊只是把它整理一番而已。如果根本没有《老子》书（不论是口传心授抑或著于竹帛），则自春秋末叶至齐之稷下时代一百多年间，老聃的遗说何由而保存？环渊何所据来发明整理？准此，郭沫若之说适足证明《道德经》大体是老子自著，早已存在于春秋时代了。

有人说郭沫若之说未免失之穿凿，照我看，还有点根据。但说李耳不是老聃，著《老子》书者是李耳而非老聃，这犹之乎说孙卿不是荀况，著《荀子》书者是孙卿而非荀况，这就未免离奇了。

但据《汉志》："《蜎子》十三篇。名渊，楚人也，老子弟子。师古注曰：'蜎，姓也，音一元反。'《关尹》九篇。名喜，为关吏，老子过关，喜去吏而从之。"准此，蜎渊与关尹是二人，不相混也。其次老子自有书，并有《老子经传》、《老子经说》。蜎渊亦有其书十三篇，两者也不可相混。最后，据《史记》说，慎到、田骈、接子、环渊"皆学黄老道德之术，因发明序其指意"，既是"皆学黄老道德之术"，就不能独谓关尹（环渊）据老聃遗说加以发明整理。按《史记》接着说，"故慎到著十二论，环渊著上下篇，而田骈、接子皆有所论焉"，可见《史记》是说慎到、环渊、田骈、接子等皆著书以发明序黄老道德之指意，不能独谓环渊发明和整理老子遗说，"这《上下篇》，即老子《道德经》"。所以郭沫若之说，尚有疑问。据我看，凡不必要的假说皆可删去，故郭沫若的假说亦可删去。干脆说《老子》书大体自著，经过后人的整编和注解，其中自不免有杂窜。其实任何先秦的古籍无不经过汉儒的整编而失其真，又岂仅《老子》书有杂窜而已。

有人说，《老子》书若成于春秋末叶，何以老学在六国初①不成为显学？何以墨子、孟子等好批评的人都没有批评老子的学说？这是容易解答的。我们知道，学术的著作可以在当世即发生影响，广泛流行，其学说立即成为显学，也可以埋没无闻于当世，经过后人的研究、阐释、表彰，才流行于社会，且发生巨大的影响，成为显学。老子的著作及其哲学思想是属于后者。试举二例以说明之。

第一例是王船山。现在一般人都知道王船山是伟大的唯物主义者，著书数百卷，字数几百万，举凡哲学、史学、政治学皆有论列，广大精深。但王船山在世之日的情况怎样呢？他抗清失败后，中年即"窜身瑶峒，绝迹人间，席棘饴荼，声影不出林莽。虽有博洽宏伟的著述，而稿件颇多散佚，不为时人所知，与顾、黄之学显名传者不同。他死后数十年，诸经《稗疏》才被收编于四库，但是能够看到的人还寥寥无几。因此，

---

① 六国乃据《史记》，起于公元前476年。

他的学术研究成果，没有被学术界所吸取。道光间，阮元辑刊《皇清经解》于广州学海堂，所收书籍达一千四百余卷，而船山诸疏竟不在其列。江藩著清朝《汉学师承记》，所列经学家以阎若璩、胡渭居首，顾炎武、黄宗羲附后，凡二十人，竟无船山之名"（引文据雷敢述）。老子原仕于周，因周乱免官而复归于陈国，陈不久亦为楚所灭。我因此想象他的身世有点同王船山相同，他的著作隐没无闻，他的学术不成为当时的显学，亦与王船山相同。

第二例，老子有点像斯宾诺莎，不仅思想相似，生活也有相似之点，可以引来作比较说明。老子的"道论"和斯宾诺莎的实体论相似，这点杨兴顺已明白指出，而老子的生活与著书也相似，这是我的看法。斯宾诺莎隐于荷兰，以磨镜片为生。他的学问已为当时上层人士所知，如莱布尼茨曾经往荷兰访问斯宾诺莎，并看到斯氏所著而未发表的书——《伦理学》。这本书一直到斯宾诺莎死后才由别人把它印行于世，所以当时的人并不知道他的哲学。迄他的哲学流传后，而在德国19世纪时仍被人呼为"死狗斯宾诺莎"。老子亦一隐君子，他的学问也为当时的上层人士所知，如孔子就曾到周访问老子，并向老子请教。老子在那时可能也有著作，但收藏而未流行于世，所以老子的哲学并不为一般人所知道，所以当春秋末叶六国初期"老学"未成为显学。可能后来有人发现了老子的书,乃传于世,因而有老子授书与关尹的传说。大概当庄子之时,老子的书才流传开来;庄子思想受到《老子》书的影响极大,因而庄子称"老聃与关尹为古之博大真人"。但后来荀子仍把老子当作"死狗斯宾诺莎",批评"老子贵贱不分"。这是我个人的设想,但足以说明:老子之书初本隐没无闻,故春秋末战国初,孔墨之学盈天下,而"老学"竟未为时人所周知,迄齐之稷下先生和庄子发挥道德之意,"老学"才成为战国时期一个庞杂的大学派。

第二届国际中国哲学讨论会论文
A paper at the Second International Symposium on Chinese philosophy

中国哲学起源的探讨

A Study of the Origin of Chinese Philosophy

中 华 人 民 共 和 国
华中师范学院教授詹剑峰
By
Zhan Jianfeng, Professor of Central
China Teachers' College, the
People's Republic of China

1980年6月詹剑峰先生提交给第二届国际中国哲学讨论会的论文

第三章　老学的传授与演变

老子是中国古代最伟大的哲学家,其学说之影响于中国思想之巨,实无出其右者。但其学说的传授,几于无法考得其实,推其原因有三:

第一,老子实一隐君子,其学又以自隐无名为务,纵则有人慕其名声,不辞远道而来请益,但老子没有像孔子那样开门设教,广收生徒,所以他就没有高足弟子,如子夏之为王者师,或如子贡之多金,"使孔子之名布扬于天下"。因为没有大量弟子传其学,所以老子的名声亦不显扬于当世,老子之学亦仅为若干隐君子所传诵而不成为春秋末战国初的显学。一直到庄子,才把老子之学发扬出来,但其间已有百余岁了,其传递四五代之久。此则依据孔子传曾子,曾子传子思,子思之门人传孟子,老子与孔子同时,而庄子又与孟子同时,故自老子传至庄子至少也有四代。因此种种,老学初期的传授实难于稽考。

其次，老子之学混入别家之言，致使其学说的来源不清。例如，在西汉初，刘安已指出："文王欲以卑弱制强暴，以为天下去残除贼，而成王道，故太公之谋生焉。"又说："桓公忧中国之患，苦夷狄之乱，欲以存亡继绝，崇天子之位，广文武之业，故《管子》之书生焉。"（《淮南子·要略》）《史记·齐世家》亦云："文王与吕尚阴谋修德，以倾商政，其事多兵权与奇计。"《韩非子·五蠹》篇云："今境内之民皆言治，藏管商之法者，家有之。"由此可见，太公之谋、管仲之书本与老学无关，但班固作《艺文志》把"《太公》二百三十七篇，《谋》八十一篇、《言》七十一篇、《兵》八十五篇，《管子》八十六篇"完全混入道家[①]，并谓道家为"君人南面之术"。这显然是把"太公之谋和管仲之书"混入老子之学，

[①] 《艺文志》："兵权谋家十三家，二百五十九篇。省《伊尹》、《太公》、《管子》、《孙卿子》、《鹖冠子》、《苏子》、《蒯通》、《陆贾》、《淮南王》二百五十九种。"但道家书中仍有："《太公》二百三十七篇，《谋》八十一篇、《言》七十一篇、《兵》八十五篇、《伊尹》五十一篇，《管仲》八十六篇，《鹖冠子》一篇。"可见"太公之谋，管仲之书"原不属于道家，所以任宏校兵书，把伊尹、太公、管子之书录入兵略；可能刘歆凑七略时把《伊尹》、《太公》、《管子》之书既录入《诸子略》中的道家，又录入《兵书略》中的权谋家；而班固作《艺文志》，在《兵书略》竟把《伊尹》、《太公》、《管仲》之书省去。这样一来，故权谋家之言直成为老学的一部分了。

而老子遂为后世权谋法术之宗。

最后，后人又把一些非纯粹道家之言列为老子之学，其源流因之而不明。这就是说，继承老子之学加以发展者唯有庄周，至于申、韩，至于慎到、田骈、接子、环渊，已非纯粹老子学派。关于这，司马迁已明白指出。他叙述庄子时说："庄子者，蒙人也……其学无所不窥，然其要归本于老子之言，作《渔父》、《盗跖》、《胠箧》以诋訾孔子之徒，以明老子之术。"而对于申、韩则说："申子之学本于黄老而主刑名。""韩非者，韩之诸公子也，喜刑名法术之学，而其归本于黄老。"（《老庄申韩列传》）对于稷下学派则说："慎到赵人，田骈、接子齐人，环渊楚人，皆学黄老道德之术，因发明序其指意。"（《孟荀列传》）由此可见，太史公认定：只有庄子是归本于老子之言，至于申、韩之学则本于黄老，慎到、田骈、接子、环渊则"学黄老道德之术"，这就是说，申、韩及稷下学派已在老学中混进"皇帝书"这类东西，并非纯粹老子之言了。

因此，我们叙述老子学说的传授与演变分作五点来说明：一为初期老学，二为稷下黄老学派，三为本于黄老的申、韩学派，四为秦汉时代黄老之学，五为道学怎样演变为道教。

第一节　初期老学

老子既没有开门授徒,自然没有儒家《论语》或墨家《耕柱》、《贵义》、《公孟》、《鲁问》、《公输》记其师言行的语录,所以要想知道老子学说的传授情况,几乎不可能。但是庄子既系老子的嫡传,关于老子的事迹,庄子所记亦较多,而且只有从《庄子》书中找出老子的弟子,或问学于老子的人士。

据《庄子》书,老聃的弟子只有三人:

第一个是柏矩。"柏矩学于老聃。曰:'请之天下游。'老聃曰:'已矣,天下犹是也。'又请之,老聃曰:'汝将何始?'曰:'始于齐。'"(《则阳》)

柏矩是一个愤世之士,也就是说,大不满意当时统治者的人。他极力抨击统治者的罪行。他说:"荣辱立,然后睹所病;货财聚,然后睹所争。今立人之所病,聚人之所争,穷困人之身,使无休时……古之君人者:以得为在民,以失为在己;以正为在民,以枉为在己;故一形有失其形者,退而自责。今则不然。匿为物,而愚不识;大为难,而罪不敢;重为任,而罚不胜;远其途,而诛不至。民知力竭,则以伪继之。

日出多伪，士民安取不伪。夫力不足则伪，知不足则欺，财不足则盗。盗窃之行，于谁责而可乎？"（同上篇）这样痛责封建的统治者，我们不能不说柏矩是当时一个有正义感的进步人士。

第二个是庚桑楚。"老聃之役（司马云：役，学徒弟子），有庚桑楚者，偏得老聃之道，以北居畏垒之山。"（《庚桑楚》）

庚桑楚也是一个"愤世"而"苟全性命于乱世"的人士。据他说："大乱之本，必生于尧舜之间，其末存乎千世之后。千世之后，其必有人与人相食者。"但庚桑楚告诉南荣趎又这样说："全汝形，抱汝生，无使汝思虑营营。"南荣趎不懂其意，庚桑楚叫他"南见老子。于是南荣趎赢粮，七日七夜，至老子之所"①，而问老子，但南荣趎所问仍是："愿闻卫生之经而已矣。"（《庚桑楚》）

第三个是阳子居。"阳子居南之沛，老聃西游于秦，邀于郊，至于梁，而遇老子。老子中道仰天而叹曰：'始以汝为可教，今不可也。'阳子居不答。至舍，进盥漱巾栉，脱屦户外，膝行而前曰：'向者弟子欲请夫子，夫子行不闲，是以不

---

① 南荣趎，《淮南子·脩务训》作："南荣畴……南见老聃，受教一言，是以名施后世，至今不休。"

敢。今闲矣，请问其故。'"（《寓言》）

据《庄子》书，问学于老聃者亦有三人。

一为崔瞿。"崔瞿问于老聃曰：'不治天下，安藏人心？'老聃曰：'汝慎无撄人心。'"（《在宥》）

二为士成绮。"士成绮见老子而问曰：'吾闻夫子圣人也。吾固不辞远道而来愿见，百舍重趼而不敢息。今吾观子非圣人也。'"（《天道》）

三为孔子。"孔子行年五十有一而不闻道，乃南之沛，见老聃。老聃曰：'子来乎！吾闻子北方之贤者也。子亦得道乎？'孔子曰：'未得也。'"（《天运》）

我们知道，庄子的记载虽不尽可靠，但完全否认之，则不免"愚妄"，而尽信之，则不免"愚勇"。所以我们对庄子所记载"庚桑楚"、"南荣趎"之事，存而不论。

老学的传授颇难考实，但其大概情形可得而言者，则老学初期有关尹、列御寇、杨朱（？），其后有庄周。

关尹有其人，他与老聃有关系，这是不可否认的实事，因为《庄子·天下》篇有记载。如果否认了关尹，则墨翟、惠施等都可否认了。

据庄子说："以本为精，以物为粗，以有积为不足，澹然独与神明居。古之道术有在于是者，关尹老聃闻其风而悦之……关尹曰：'在己无居，形物自著，其动若水，其静若镜，其应若响，芴乎若亡，寂乎若清，同焉者和，得焉者失，未尝先人，而常随人。'""关尹老聃乎！古之博大真人哉！"（《天下》）

从上引文字，可确定两点：第一，庄子把关尹与老聃并列，且同是"古之博大真人"，可见关尹与老聃在学术思想上有密切关系；第二，庄子引用关尹之言"在己无居，形物自著"以说明关尹思想的特征，可见关尹已有著作流传于世，庄子才得而引用之。

再据《庄子·达生》篇："子列子问关尹曰：'至人潜行不窒，蹈火不热，行乎万物之上而不栗，请问何以至此？'关尹曰：'是纯气之守也，非知巧果敢之列居，吾语汝……'"

又据《吕氏春秋·审己》篇："子列子常射中矣，请之于关尹子。关尹子曰：'知子之所以中乎？'答曰：'弗知也。'关尹子曰：'未可。'退而习之，三年又请。关尹子曰：'子知子之所以中乎？'子列子曰：'知之矣。'关尹子曰：'可矣，守而勿失也。'"

由上所引，可见关尹是列子的前辈，虽然不能说关尹是列子的老师，但可断定列子向关尹问学请益。

据《吕氏春秋·不二》篇："老聃贵柔……关尹贵清，子列子贵虚。"

由此可见，老聃、关尹、列子之间有一脉相承的关系。而"关尹贵清"，亦和庄子所引关尹之言"其动若水，其静若镜……寂乎若清"相合。

据《史记》，老子至关，"关〔令〕尹喜曰：'子将隐矣，强为我著书。'于是老子乃著书上下篇"。这可能是传说，但太史公必非无所据而云然，盖太史公去古未远，所见古籍必多。诚然，范耕研、刘汝霖和郭沫若都把关令尹喜曰读成"关令尹"喜曰。但按《史记》原文，似不如此，关令尹是官名，喜是人名，也许"令"字是后人所妄增，原作"关尹喜"，故《汉志》曰："名喜，为关吏，老子过关，喜去吏而从之。"而高诱《不二》篇注："关尹，关正也，名喜。"按周之司关名为关尹[①]，而喜则是人名，合两者而称为关尹喜，如"太师挚"、"击磬襄"、"令尹子文"之类。准此，则关尹喜与环渊本是二人，故可推定《老子》书之传与关尹有一定的关系，此则无疑者也。

又据《列子·力命》篇，"老聃语关尹曰：'天之所恶，孰知其故。'言迎天意，揣利害，不如其已。"按前两句话尚

[①] 《国语·周语》："敌国宾至，关尹以告。"

见于现行《老子》书七十三章，而后三句话显然是关尹所作的解释。由此足证关尹与《老子》书有密切的联系。

综而观之，关尹是初期老学的一个大师，庄子称之为"古之博大真人"；《老子》书的流传，与关尹有密切的关系；列子也曾向关尹请教过，可见关尹是传老学之人；至于关尹学说的要点，则在"贵清"。

次述列御寇。《列子》一书，近人考证为伪书，照我看，此书也伪也不伪。说它是伪，因为此书是经过后人编订和加工；说它不伪，因为此书保存古代许多传述，非后人所能伪造。至于列子其人，照我看，是无可疑的。试证之于下：

列子在《庄子》书中颇占重要地位。第一篇《逍遥游》就提出"夫列子御风而行，泠然善也"。《应帝王》篇则记："郑有神巫曰季咸……列子见之而心醉，归以告壶子曰：'始吾以夫子之道为至矣，则又有至焉者矣。'……后列子自以为未始学而归。三年不出，为其妻爨，食豕如食人，于事无与亲，雕琢复朴，块然独以其形立，纷而封哉，一以是终。"《至乐》篇记："列子行食于道从，见百岁髑髅，攓蓬而指之曰：'唯予与汝知而未尝死，未尝生也。'"《田子方》篇载"列御寇为伯昏无人射"，《列御寇》篇亦有"列御寇之齐，中道而反，遇伯昏无人"。《让王》篇特地指出："子列子穷，容貌有饥色。客有言之于郑子阳者……郑子阳即令官遗之粟。子列子见使者，再拜而辞。使者去，子列子入，其妻望之……其卒，民果作难而杀子阳。"此事亦见《吕氏春秋·观世》篇。

从上所引，可以看出，列子类似孔门的原宪，是一个狷介自持的守道之士。他有一个爱人。他在家里烧饭养猪，非常贫困，面有饥色，然而仍拒绝贵人送给他的小米。所以《观世》篇的作者赞美列子："方有饥寒之患矣，而犹不苟取，……达乎性命之情也。"

至于列子的学说，《吕氏春秋》说"子列子贵虚"，《尸子·广泽》篇亦说"列子贵虚"，可见贵虚是列子的中心思想，但《国策》又说"列子贵正"。

《韩策》记："史疾为韩使楚。楚王问曰：'客何方所循？'曰：'治列子圉寇之言。'曰：'何贵？'曰：'贵正。'……王曰：'楚国多盗，正可以圉盗乎？'曰：'可。'曰：'以正圉盗奈何？'顷间有鹊止于屋上者，曰：'请问楚人谓之何？'王曰：'谓之鹊。'曰：'谓之乌，可乎？'曰：'不可。'曰：'今王之国有柱国、令尹、司马、典令，其任官置吏，必曰廉洁胜任。今盗贼公行而弗能禁也，此乌不为乌，鹊不为鹊也。'"准此，列子又曾研究过"名"。故其后学得引申之而为"正名"之论。

总而言之，列子确有其人，由《尸子》、《国策》、《吕氏春秋》得到佐证。因而列子的学说是"贵虚"，也是无可怀疑的。至于列子曾著书，此则见于《汉书·艺文志》："《列子》八篇，名圄寇，先庄子，庄子称之。"

最后述杨子居（杨朱）。杨朱，有人认为是道家的创始者，又被认为《老子》书的写定人。然而在历史上杨朱却是道家一致攻击的对象，因此，我认为杨朱之非道家，同孔丘之非道家一样。或曰，杨朱非老聃的弟子欤？应之曰，仲尼学于老聃，不妨碍他是儒家的开山祖，子居学于老子，不妨碍他是杨学的创始人。且看历史的记载吧！

杨朱诚然在《史记》未载其人，《汉志》亦无其书，但我们并不否认其人，亦不否认其学的存在。《庄子》书中屡提杨子居（《应帝王》、《寓言》、《山木》称阳子），或杨、墨并称（《骈拇》、《胠箧》、《天地》、《徐无鬼》），且肯定杨子居师老子。在庄子笔下，杨子居是一个自命"向疾强梁、物彻疏明"的人，曾受老子斥责"始以汝为可教，今不可也"，这好像孔子斥责宰我为"朽木不可雕也"。但庄子也谈到杨子居是个热心于统治的人，向老子"问明王之治"，刘安也把杨朱与申、商同列："若夫墨、杨、申、商之于治道也"(《俶真训》)。刘向更指明:"杨朱见梁王,言治天下如运诸掌然。梁王曰:'先生有一妻一妾不能治,三亩之园不能芸,言治天下如运诸手掌,何以?'"(《说苑·政理》)

杨朱之名扬于后世,而儒家三尺之童皆知之者,孟子一骂之力居多。盖孟子尊孔子,距杨、墨,大骂"杨氏为我,是无君也,墨氏兼爱,是无父也,无父无君,是禽兽也",大骂"杨子取为我,是邪说诬民,充塞仁义也",并指出"杨、墨之道不息,孔子之道不著","能言距杨、墨者,圣人之徒也"。可见杨学是作为一个独立的学派而受到孟子的严烈抨击的。

尤奇怪的是,杨朱不仅受到敌派孟子的排距,并受到一般人认为同属道家的庄周的严厉批评。庄子曾借老子之口,骂杨朱为"不可教",又借老子之口,批评杨朱自比于"明王之治","是胥易技系,劳形怵心者也"。庄周直接批评杨朱是"骈于辩者……敝跬誉无用之言",并要"钳杨墨之口,攘弃仁义而天下之德始玄同矣"。最后复大骂"彼曾、史、杨、墨……皆外立其德,而以爚乱天下者也",又骂"杨、墨乃始离跂自以为得,非吾所谓得也,夫得者困,可以为得乎?则鸠鸮之在于笼也,亦可以为得矣"。可见庄子是把杨、墨同列,视作敌派而并攻之,无异于儒家孟子视杨、墨皆邪说诬民而并攻之。杨朱不仅受到庄周的抨击，并受到"归本于黄老"的韩非的斥责："杨朱、墨翟，天下之所察也。干世乱而卒不决，虽察而不可以为官职之令，是无用之辩而已。"（《八说》）杨朱不仅受到韩非的斥责，并受到道家刘安的讥评："百家异说，各有所出。若夫墨、杨、申、商之于治道，犹盖之无一橑而轮之无一辐（从王念孙校）。有之，可以备数；无之，未有害于用也，已自以为独擅之，不通之于天地之情也。"（《俶真训》）因此，我认为杨朱之学并非老学，如果是老学，何以道家一致攻击他呢？何以都把他当作敌派来攻击呢？

由上所述，可以确定四点：第一，杨朱是个小有产者，他有一妻一妾，三亩之园，这和列子、庄子的贫穷而苦于饥寒者大不相同；第二，杨朱是有名的辩者或察士，而道家所用的方法是辩证的常名论，故庄周和韩非都攻之，视为无用；第三，杨朱是个向疾强梁的人，不甘寂寞，干世主以求用，由其见梁王谈治道可以知之，这又与老学之"自隐无名"者大不相同；第四，老子已斥责杨朱为不可教，而当孟子攻击"杨、墨之道"是"邪说诬民"之时，庄子亦攻击"杨、墨乃始离跂"，"以爚乱天下"。庄子与孟子的立场不同，然皆把杨、墨当作异己分子来攻击，故我认为杨朱的确不是道家。而且自孟子至韩非，皆以杨朱、墨翟同列而并攻之，可见杨学在战国时实为显学之一，显然是道、儒、墨外的一个独立学派。

杨学既为显学之一，则其学说的要义何在呢？据孟子说："杨氏为我"；据《吕览》说："杨生贵己"；据《淮南子·氾论训》说："全性保真，不以物累形，杨子之所立也。"一言以蔽之，个人主义而已，此则杨学之要义。其次，依据杨朱非墨氏之"兼爱"，可以推知杨子主张"利己"；依据杨朱非墨氏之"尚贤"，可以推知杨子主张"去贤"；依据杨朱非墨氏之"右鬼"，可以推知杨子主张"无神论"；依据杨朱非墨氏之"非命"，可以推知杨子主张"有命论"。最后，杨朱是辩者，曾"窜句游心坚白异同之间"，可见杨学中有辩学（逻辑）。惜其说不传，故无从知其内容。

试把老子之学与杨氏之学作一比较。老子之学，要在忘己①，而杨子则"贵己"；老子之学，要在无私②，而"杨子取为我"；老子说，"上善若水，水善利万物而不争"，又说，"圣人常善救人，故无弃人"，而杨子则"拔一毛而利天下不为也"。由此可见，杨氏之学是极端的个人主义，而老子之学则是忘我的利他主义，两者如冰炭之不相容，此则两家之

---

① 老子告诫孔子说："为人子者，毋以有己，为人臣者，毋以有己。"（《史记·孔子世家》）

② 老子说，天地不自生，故能长生，圣人无私，故能成其私。

学的根本分歧。其他方面，亦相对立：如"老聃贵柔"，而杨朱则"向疾强梁"；老子主"绝圣弃智"，而杨朱则喜"物彻疏明"；老子说"绝学无忧"，而杨朱则说"学道不倦，可比明王"；老子说"善者不辩"，而杨朱则"窜句游心，致力于坚白异同之辩"。可见杨氏之学与老子之学大相径庭。不过杨子所立的"全性保真"，尚与老子"返朴"之旨相合，然亦只此一点而已。由此种种事据，皆足证杨氏之学并非老子之学，而是战国时显学之一，与道、儒、墨相并立而为四，故儒家的孟子、道家的庄子以及墨家的辩者皆非之。

杨氏之学既非老学而是独立的学派，那么，崔述谓，"道德五千言者，不知何人所作，要必为杨朱之徒之所伪托"（崔述《洙泗考信录》卷一），是妄言也；冯友兰谓，"老庄皆继杨朱之绪"（冯友兰《中国哲学史》），更是站不住脚；至于李泰棻谓，"《老子》书的写定人非杨朱莫属"，是则每况愈下，又何讥焉？若推其由来，乃儒家之偏见作祟。盖崔述私淑孔孟，痛恶杨、墨，抱着排斥"异端"的偏见，把先秦异于儒家的"邪说"，不能归之于墨氏者，尽归于杨氏之说。这是毫无根据的。冯友兰虽拘守儒家道统陈腐之见，但不敢公开排斥道家为异端之言，故采"曲解"的手段以降低老子学说的价值，妄谓"在现在之《老子》中亦有许多处持'贵生轻利'之说，如老子云，'贵以身为天下，若可寄天下，爱以身为天下，若可托天下'，'贵以身为天下'者，即以身为贵于天下，即'不以天下大利，易其胫之一毛'，'轻物重生'之义也"。据我看，这是冯友兰的曲解。请看高亨的解释："视其身如天下人，是无身矣，是无我矣，是无私矣；如此者，方可以天下寄托之。"再看陆希声的解释："唯能贵用其身为天下，爱用其身为天下者，是贵爱天下，非贵爱其身也，夫如此则得失不在己，忧患不为身，似可以大位寄托之，犹不敢使为之主，而况据而有之哉，此大道之行、公天下之意也。"（陆希声《道德真经传》）准此，老子在这章发挥利他主义的要旨，而冯友兰乃以儒者狭隘的偏见释为利己主义。由此又证明老子之利他主义与杨氏利己主义是根本对立的学说，那么，冯友兰所主"老庄皆继杨朱之绪"之说，是毫无根据的。

既分述关尹、列御寇、杨朱及其学说的要点，现总论之：

关尹、列御寇、杨朱三人生卒的年代，已无从稽考，但依据老子与孔子同时，而庄子与孟子同时，可以推定关尹、列御寇、杨朱约略与曾子、子思同时代。

关尹、列御寇、杨朱的生平，亦无法知悉，但依据"老子过关，喜关尹去吏而从之"，"子列子穷，容貌有饥色"，可以断定关尹和列御寇是隐逸之士，杨朱"虽犹有蓬心"，然"全性保真，不以物累形"，亦可能属于隐士之伦，故三人的行事亦不见于史籍。

关尹和列子之书今已亡（现存《关尹子》、《列子》是伪书），杨子是否著书，殊不敢定，故关尹、列子、杨子的学说实无法再窥见其全貌。不仅关、列之书已亡，即道家著作九百九十三篇（据《艺文志》）几全部丧失，现存者只有老子《道德经》两篇及《庄子》三十三篇而已！故战国时老学的演变及发展，几无从谈起。但从现存道家典籍来看，庄周哲学实老学的直系。试进而述庄周。

庄周确是狷介之士，他虽做过小吏（漆园吏），然而他的生活依然是很穷困的，连衣食都成问题："庄子衣大布而补之，正廪系履而过魏王。"（《山木》）"家贫，故往贷粟于监河侯。"（《外物》）在这样困苦的生活下，他仍却楚王之聘，笑对使者说："我宁游戏污渎之中自快，无为有国者所羁，终身不仕，以快吾志焉。"（《史记·庄子传》）由此可见，庄子是"高尚其志，不事王侯"的隐君子，亦即继承老子、关尹、列御寇的传统精神。

复次，庄周表面上也旷达，而其内心则愤世嫉俗，他对魏王说："今处昏上乱相之间，而欲无惫，奚可得邪。"（《山木》）他看见封建的贵族戕害人民，故痛诋当时的封建统治者是一些大盗,而所谓圣人、智者都是一些帮凶。他说:"窃钩者诛,窃国者为诸侯。诸侯之门,仁义存焉。""所谓至圣,有不为大盗守者乎。"(《胠箧》)庄子又借徐无鬼之口,痛责时君,"君独为万乘之主,以苦一国之民,以养耳、目、鼻、口",并揭穿时君"爱民,为义偃兵"的假面具:"爱民,害民之始也,为义偃兵,造兵之本也。"(《徐无鬼》)庄周又为盗跖作传,写得有声有色,盗跖的爽直、勇敢、坚决、多智,直是《水浒传》中武松与李逵合成的英雄好汉。这大概是庄子寄寓其反对统治阶级的革命思想。试把庄子所说的话和柏矩所说"穷困人之身,使无休时",以及庚桑楚所说"千岁之后,其必有人与人相食者"作一比较,则发现庄子委实发展老子"民之饥,以其上食税之多"、"绝圣弃智,民利百倍"的思想。

综上所述,可以看出老学派中人有一个特征,他们原是一批愤世之士,憎恨当时的社会,攻击贵族的压迫人民,虽有点革命思想,但又"无可奈何",只好"遁世无闷",做个"自了汉"以终其身。

稷下黄老学派的作风恰恰与老学派中人相反,但时贤竟混而同之,不可不辩。

第二节　稷下黄老学派

黄老学派在稷下者,有田骈、慎到、环渊、接子诸人。记载"稷下先生"的原始材料是《史记》。故现在论述稷下黄老学派亦以《史记》所述者为限。先引《史记》之文,再加分析。

> 自驺衍与齐之稷下先生,如淳于髡、慎到、环渊、接子、田骈、驺奭之徒,各著书言治乱之事以干世主,岂可胜道哉。(《孟荀列传》)
>
> 慎到赵人,田骈、接子齐人,环渊楚人,皆学黄老道德之术,因发明序其指意。故慎到著《十二论》,环渊著《上下篇》,而田骈、接子皆有所论焉。(《孟荀列传》)
>
> 宣王喜文学游说之士,自如驺衍、淳于髡、田骈、接子、慎到、环渊之徒七十六人,皆赐列第,为上大夫,不治而议论,是以齐稷下学士复盛,且数百千人。(《田齐世家》)

试分析上引文字，可得几个要点：

第一，上述稷下学士中，唯田骈、接子、慎到、环渊是黄老学派。这些黄老学者，做的是大官（列为上大夫），收入是很丰厚（訾养千钟），住得也很舒服（高门大屋），而又非常清闲（不治而议论）。他们的生活既舒适，又有优裕的时间，故能从事著书。而著书的目的是干世主。由是可以想象到：在高官厚禄豢养下的学士，其著书又是干世主，自不免如太史公所讥"有意阿世"，"苟合而已，如慎到、环渊、接子、田骈之徒，岂可胜道哉"！

第二，这些黄老学者在王侯豢养之下，还要标榜清高，以表示他们仍继承老子之学，是个隐者。例如，田骈"高义，设为不宦"，齐人讥之曰："今先生设为不宦，訾养千钟，徒百人。"犹之乎邻女设为不嫁，而有子七人。由此可见，田骈、慎到、环渊、接子这些黄老学者，与列子、庄子之清高自守、安于贫穷的老氏之徒是大不相同的。而且田骈、慎到、环渊、接子的政治立场和关尹、列子、庄子的政治立场也大不相同。因为这些黄老学者阿谀苟合，卖身投靠于齐王，而庄子则公开斥责"田成子一旦杀齐君而盗其国"。由此可见，环渊绝对不是关尹，因为庄子称赞关尹为"古之博大真人"，而《史记》载环渊是为齐王所豢养的学士；如果关尹是卖身投靠仍"设为不宦"那样假清高，庄子也不会崇拜他为"博大真人"了。

第三，田骈、慎到、环渊、接子既在世主的高官厚禄之下以著书，当然要造出一套政治理论，以巩固世主的统治；当然要搞出一套"法"、"术"，以帮助世主管理臣民。大概把"老子之学"说成"君人南面之术"，是从慎到之徒开始的。

第四，田骈、慎到、环渊、接子既著书以讲"君人南面之术"，那就要找出一个古代世主，作为历史的根据，老子当然不具备这一条件，于是抬出一个黄帝来，因发明其指意，实即曲解老子的思想而托之于黄帝，从而称为"黄老道德之术"欤？这样一来，老子之学与黄帝之名相结合，而成为黄老学派。大概自此之后，许多"黄帝书"亦由兹而编造出来。试论证之于下：

先谈一谈老子之学与黄帝之名相结合而成稷下黄老学派。老子根本不提一个古圣王，可见老子绝对不是托古派。《论语》、《墨子》、《孟子》诸书引古圣王颇多，如尧、舜、禹、汤等，而黄帝这个圣王不见于《论语》，不见于《墨子》，亦不见于《孟子》。甚至司马迁作《史记》时还说："百家言黄帝，其文不雅驯，荐绅先生难言之。"唯庄子常提黄帝，如《大宗师》、《在宥》、《天运》、《缮性》、

《知北游》、《徐无鬼》、《盗跖》。但在庄子笔下：黄帝是一个求道的天子，曾问"至道之精"于广成子（《在宥》）；《知北游》篇又说黄帝是一个不知"道"的人；而在《盗跖》篇则痛斥"黄帝不能致德，与蚩尤战于涿鹿之野，流血百里"。可见庄子心目中，黄帝也不是什么了不起的圣王。其次道家非尧舜而薄汤武，可见老庄之学并不是"托古改制"，而只是发挥"天道自然"与"人法自然"的哲学。

但是庄周所斥责的黄帝在齐国则大不相同了，"黄帝的存在已经为齐国的统治者所信史化了。齐宣王要'高祖黄帝'，这应该就是黄老之术所以要托始于黄帝的主要原因"（郭沫若《十批判书·稷下黄老学派的批判》）。

因此，黄帝在田骈口中也是历史上实在的圣王了，试举其证："田骈以道术说齐王，齐王应之曰：'寡人所有者，齐国也，愿闻齐国之政。'骈对曰：'臣之言，无政而可以得政，譬之林木无材而可以得材，愿王之自取齐国之政也。骈犹浅言之也。博言之，岂独齐国之政哉！变化应来而皆有章，因性任物而莫不宜当，彭祖以寿，三代以昌，五帝以昭（高诱注：五帝，黄帝轩辕等），神农以鸿。'"（《吕氏春秋·执一》）齐王既要"远则祖述黄帝"，所以田骈要用黄帝的道术说齐王了。而田骈所说，"变化应来而皆有章，因性任物而莫不宜当",则仍是老子所主事物变化皆有规律以及因任自然之旨。由此可见,"发明"老子之学而托始于黄帝,是从稷下学士开其端,这就是太史公所说"慎到、田骈、接子、环渊皆学黄老道德之术,因发明序其指意"者是也。

再谈一谈老子之学与法家相结合而成刑名法术之学。这一结合虽不能说始于稷下,而在稷下得到发展,则为事实,其代表人物就是田骈和慎到。

田骈和慎到是战国百家争鸣时的重要角色。《吕氏春秋·不二》篇说"陈〔田〕骈贵齐",《尸子·广泽》篇说"田骈贵均";而荀子在《解蔽》篇批评"慎子蔽于法而不知贤"。田骈与慎到的学说当然各有特点,然荀子与庄子均把田骈和慎到同列于一派,可见二者有其大同之处。荀子说:"尚法而无法,下修而好作,上则取听于上,下则取从于俗,……足以欺惑愚众,是慎到、田骈也。"(《非十二子》)庄子亦说:"彭蒙、田骈、慎到闻其风而悦之,田骈亦然学于彭蒙,……彭蒙之师曰……"(《天下》)彭蒙尚有师,可见这派是源远流长,不始于稷下,而兴盛于稷下。盖自彭蒙之师,而彭蒙,而田骈,其间已三代矣。

庄子批评这派时说:"其所谓道,非道,而所言之韪,不免于非,彭蒙、田骈、慎到不知道。虽然,慨乎皆尝有闻者也。"（《庄子·天下》）从"其所谓道，非道"这句话，可见彭蒙、田骈、慎到之"道"，并非老子之"道"，庄子其以慎到等曲解老子之言而陷于非欤？故直断彭蒙、田骈、慎到不知"道"，从"慨乎皆尝有闻者也"这句话，可见庄子亦承认彭蒙、田骈、慎到亦祖述老子之学。

以荀子批评"慎子蔽于法而不知贤"以及批评"慎到、田骈尚法而无法"，可见田骈和慎到是援"老学"入"法术之学"者。如果从历史来看，彭蒙之师、彭蒙，以及田骈、慎到均发明老子之指意于法术方面，而又借重于古代世主黄帝以增其学说的声价，乃称为黄老之学。所以《艺文志》把《慎子四十二篇》列入法家，并说"慎子名到，先申韩，申韩称之"，其意殆指稷下黄老学派，先于法家，而申韩尊之欤？至于《艺文志》论道家学说时所说"及放者为之，则欲绝去礼学，兼弃仁义"，那当然是庄子学派了。

既述稷下黄老学派，附带谈一下宋钘和尹文。自宋儒从《礼记》发现《大学》是曾子所作，儒家孔、曾、思、孟相传的道统遂为人世所尊。自郭沫若和刘节从《管子》发现《白心》四篇是宋钘、尹文所著，宋、尹几成为道家的开山祖师。如刘节认为《白心》四篇的文字恐是道家的导源。近之谈中国学术思想史者，谓曾子作《大学》是宋儒无据之谈，而宋、尹作《白心》四篇则为有据之事。事实果真如此么？兹就所疑，写出以就正于有道。

（1）有人见到《天下》篇有"齐万物以为首"，遂据"齐物"二字以推断《齐物论》是慎到所作。现在见到《天下》篇有"以此白心"，遂据"白心"二字以推断《白心》、《心术》（上、下）和《内业》四篇是宋钘、尹文所著，这是大大可疑的。（2）审察《白心》四篇的内容与《天下》篇所载宋钘、尹文的道术似毫无关系。据《天下》篇看，宋、尹道术的要义："愿天下之安宁，以活民命，人我之养，毕足而止……接万物以别宥为始……见侮不辱，救民之斗……以禁攻寝兵为外，以情欲寡浅为内。"寝兵是宋钘思想中的主题，而四篇中只有"兵不义，不可"一句话有点关联，但若与下文联系起来看，则与寝兵之意风马牛不相及。情欲寡浅也是宋钘思想中的主题，四篇也没有谈到，"虚其欲，神将入舍"是与宋、尹"情欲寡浅"这命题丝毫无关的，郭沫若不得不把"去欲则宣"改为"去欲则寡"以适合己意，然而这一改动无济于事，因为该段全文并不是说明情欲寡浅。荀子在《正论》篇极力驳斥宋子"见侮不辱"之说，然而在四篇中找不到一点踪影。而且这四篇也丝毫没有表现出宋、尹"愿天下之安宁，以活民命"的精神。宋子著的《内业》、《心术》（上、下）之篇，何以竟忘了本人哲学的基本命题呢？（3）四篇杂抄道、名、儒、法之言以成篇（例从略），而杂抄者的文笔又不高明，更显其浅陋，如"名进而身退，天之道"，不成话。故四篇显是道、儒、名、法之言盈天下后的作品，也就是战国末期庸人所辑成的篇章，能把这样的著作归之于宋、尹么？（4）有些地方，不知其义而乱抄，例如《心术》上篇说："道在天地之间也，其大无外，其小无内。"道既为天地所限，还能说"其大无外"么？《内业》篇说："灵气在心，一来一逝，其细无内，其大无外。"灵气在一心之内，还能说"其大无外"么？《白心》四篇的凑辑者可能知道惠施"至大无外，谓之大一，至小无内，谓之小一"之说，而对于"道"又茫无所知，对于"至大无外"又不解其含义，乱用之以形容"道在天地之间"，并不伦不类用来形容灵气在心的来逝。宋钘与尹文亦一学派的大师，居然写出这样无知的著作么？这是大大的可疑。这样的著作，能够说是"道家思想的导源"么？这又是大大可疑。

第三节　本于黄老的申韩学派

《史记》载："申子之学，本于黄老，而主刑名，著书二篇，号曰申子。"而太史公对申子的评论是："申子卑卑，施之于名实。"

《艺文志》尚载"申子书六篇，在法家"，但其书现已亡绝，故他与黄老思想的关系亦难于深论，但申子的法学确本于老子的哲学，由申子书所留的残篇，尚可看出来，兹引于下以为证：

> 申不害闻之曰，……至智弃智，至仁忘仁，至德不德，无言无思，静以待时，时至而应，心暇者胜。凡应之理，清净公素，而正始卒焉。此治纪，无唱有和，无先有随。古之王者，其所为少，其所因多。因者，君术也。为者，臣道也。为则扰矣，因则静矣。因冬为寒，因夏为暑，君奚事哉！故曰：君道无知无为，而贤于有知有为，则得之矣。（《吕氏春秋·任数》）

你看，申子所说"至智弃智"，此则老子之"绝圣弃智"也；申子所说"至德不德"，此则老子之"上德不德"也；申子所说"无唱有和，无先有随"，此则关尹所谓"未尝先人，而常随人"也。至于"因者，君术也"，"君道无知无为"，显然是申子把老子之学应用于"法"、"术"者也。而申子这一残篇，更足以证实《老子》书成于战国之前了。

次述韩非。"韩非者，韩之诸公子也，喜刑名法术之学，而其归本于黄老。"太史公评之曰："韩子引绳墨，切事情，明是非，其极惨礉少恩，皆原于道德之意，而老子深远矣。"（皆见《老庄申韩列传》）

韩非的刑名法术之学，归本于老子，这确是有根据的。韩非之言曰："道者万物之始，是非之纪也。是以明君守始，以知万物之源，治纪，以知善败之端。故虚静以待令，令名自命也，令事自定也。虚则知实之情，静则知动者正。"（《主道》）又曰："夫道者弘大而无形，德者核理而普至。至于群生，斟酌用之，万物皆盛，而不与其宁。道者，下周于事……参名异事，通一同情，故曰，道不同于万物，德不同于阴阳，衡不同于轻重，绳不同于出入，和不同于燥湿，君不同于群臣。凡此六者，道之出也。道无双，故曰一。是故明君贵独道之容。"（《扬权》）可见韩非的法学是建立在老子"道论"的基础上的。

复次，韩非作过《解老》、《喻老》，对老学下过一番苦功，故能援老入法，用而能化。我敢说，以玄理解释老学并发展老学者，庄周独步。而以朴实的精神说明老学的精义者，韩非绝胜。

第四节　秦汉时代黄老之学

"洪稚存云：'自汉兴，黄老之学盛行，文景因之以政治。至汉末祖尚玄虚，于是始变黄老，而称老庄。'"此说近人多信之，然而陈澧并不以为然。陈氏说："黄老之学，则不自汉兴乃盛行也。《史记·孟荀列传》云：'慎到、田骈、接子、环渊皆学黄老道德之术，盖其时已盛行矣。'"（上引皆见陈澧《东塾读书记》）其实老庄之称，不始于汉末，西汉初已有之矣。《淮南子·要略》载："考验乎老庄之术，而以合得失之势者也。"《汉书·叙传》说："嗣虽修儒学，然贵老庄之术。"①

据我们的看法，老子之学与黄帝之名相结合而称黄老之学，始于稷下，而其盛行，实始于战国末期，亦即吕不韦集门

---

① 班嗣是班固的伯父。"贵老庄之术"，原作"老严"，按汉人讳庄为严，今改正。原文是这样的："嗣虽修儒学，然贵老严之术（师古曰：老，老子也；严，庄周也）。桓生欲借其书。嗣报曰：'若夫严子者，绝圣弃智，修生保真，清虚澹泊，归之自然，独师友造化而不为世俗所役者也。渔钓于一壑，则万物不奸其志，栖迟于一丘，则天下不易其乐，不绁圣人之罔，不嗅骄君之饵，荡然肆志，谈者不得而名焉，故可贵也。'"可见洪稚存所说"至汉末祖尚玄虚，于是始变黄老，而称老庄"之言，是错误的。

客著《吕氏春秋》之时。至于西汉初虽称黄老，然两汉学者则深知黄帝书乃出于后人伪托。试论证于下：

何所据而云黄老之学盛行已见战国末期呢？此则由《吕氏春秋》一书而得见之。

《去私》篇："黄帝曰：声禁重，色禁重，衣禁重，香禁重，味禁重，室禁重。"此则杨朱一派所言之黄帝也。

《圜道》篇："黄帝曰：'帝无常处也，有处者乃无处也。'"此则变换"道无所不在"之言也。

《应同》篇："黄帝之时，天先见大螾大蝼。黄帝曰：'土气胜。'土气胜故其色尚黄，其事则土。"此则阴阳家所言之黄帝也。

《审时》篇："黄帝曰：'四时之不正也，正五谷而已矣。'"此则农家所言之黄帝也。

《遇合》篇："黄帝曰：'厉汝德而弗忘，与汝正而弗衰，虽恶奚伤。'"（上引采自李峻之《吕氏春秋中古书辑佚》）

由此可见，战国末叶，百家著书，托之于黄帝者颇不少，而吕不韦那个大市侩所崇信"圜道"，竟源于黄帝。然考其实，吕不韦所谓黄帝所传下来的"圜道"，实在是老子之"道"。兹引其言而论之：

"文信侯曰:'吾得学黄帝之所以诲颛顼矣。爰有大圜在上,大矩在下,汝能法之,为民父母,无为而行。行也者行其理也。行数,循其理,平其私。'"(《序意》。此文乃吕不韦自作)而黄帝所传的大圜,实则《圜道》篇所说的"圜道"。

"天道圜,地道方,圣王法之。何以说天道之圜也?精气一上一下,圜周复杂无所稽留①,故曰:天道圜。何以说地道之方也?万物殊类殊形,皆有分职,不能相为,故曰:地道方,日夜一周,圜道也……萌而生,生而长,长而大,大而成,成乃衰,衰乃杀,杀乃藏,圜道也……黄帝曰:'帝无常处也,有处者乃无处也。'以言不刑蹇,圜道也……齐至贵,莫知其原,莫知其端,莫知其始,莫知其终,而万物以为宗。圣王法之,以令其性,以定其正。"(《圜道》)

《圜道》这篇文章,很显然是为黄老学者之所作。"万物以为宗"的"圜道",显然就是老子的"道",只是换了一个名称而已!而这篇文章的作者,硬拉出一个黄帝来,捏造"黄帝曰:'帝无常处也,有处者乃无处也'",而实则庄周所谓"道无所不在"。由此可见,为黄老学者常把老子的学说嫁

---

① 《御览》引:"圜通周复。"

名于黄帝，这样一来，老子之学竟变成黄老之学了。

由此可见，战国末叶，百家作书，托于黄帝之风很盛。这一风气流行于西汉初年。《艺文志》可以做证：

（1）道家："黄帝四经"四篇，"黄帝铭"六篇。

（2）阴阳家：《黄帝泰素》二十篇。六国时，韩诸公子所作。

（3）小说家：《黄帝说》四十篇，迂诞依托。

（4）兵书略：

阴阳：《黄帝》十六篇，图三卷。

（5）数术略：

A.天文：《黄帝杂子气》三十三篇。B.历谱：《黄帝五家历》三十三卷。C.五行：《黄帝阴阳》二十五卷。《黄帝诸子论阴阳》二十五卷。D.杂占：《黄帝长柳占梦》十一卷。

（6）方技略：

A.医经：《黄帝内经》十八卷，《外经》三十七卷。B.经方：《泰始黄帝扁鹊俞拊方》二十三卷。C.房中：《黄帝三王养阳方》二十卷。D.神仙：《黄帝杂子步引》十二卷，《黄帝岐伯按摩》十卷，《黄帝杂子芝菌》十八卷，《黄帝杂子十九家方》二十一卷。

我们不惮其烦地辑出《艺文志》中依托黄帝之书，其目的不仅说明秦汉之际托名黄帝之书混入老子之言,而形成黄老之学,造成思想史的混乱,而主要者,则在说明黄老学转变为黄老道,由黄老道转变为道教之根源。试看房中、神仙之言本与老学绝对无关,而后来乃成为道教主要部分,推其由来,其在房中、神仙之书多标黄帝之名,而老子之言又与黄帝之名混合成为黄老学,后又混成为黄老道,所以依托黄帝之房中、神仙术自然要与道教混而为一了。

黄帝,在《庄子》还是寓言,而在齐国统治者已认为信史,在稷下先生则作为黄老学托始之人物,至大商贾吕不韦冒充风雅,遂认为实有其人,实有其学——圜道。这样把依托黄帝之言与实际老子之学相混糅,而成为"君人南面之术",统称为黄老道德之学。故高诱序《吕氏春秋》中说:"此书所尚,以道德为标的,以无为为纲纪,以忠义为品式,以公方为检格。"这样的黄老之学就是司马谈所谓"因阴阳之大顺,采儒墨之善,撮名法之要,与时迁移,应物变化,立俗施事,无所不宜,指约而易操,事少而功多"的道家。

依据《汉书》所记:陈平"少时家贫,好读书,治黄帝老子之术",按陈平为汉兴功臣,而其生时实在"战国结束,秦皇混一宇内"的时候,他少时就治黄帝老子之术,可见黄老之学在战国末期已流行。

复次，汉初君臣崇尚黄老之学，其首先信仰黄老之术者为曹参。而曹参乃学之于盖公，盖公得之于"善修黄帝老子之言"的乐臣公，其传授系统是这样的："河上丈人教安期生，安期生教毛翕公，毛翕公教乐瑕公，乐瑕公教乐臣公，乐臣公教盖公。"（《史记·乐毅列传》）从河上丈人到曹参共有八传，这个黄帝老子之学真是源远流长了。由此可见，黄帝老子之学已流行于战国。

西汉初的君主和大臣学黄老之学，尊黄老之道，行黄老之术，把黄帝老子看作二位一体。然当时著名渊博的学者，对黄帝其人和黄帝之书，实抱怀疑的态度，甚至指明其伪。

司马迁说："百家言黄帝，其文不雅驯，荐绅先生难言之。"

刘安说："世俗之人多尊古而贱今，故为道者必托之于神农黄帝，而后能入说。乱世暗主高远其所从来，因而贵之。为学者蔽于论而尊其所闻，相与危坐而称之，正领而诵之。"（《淮南子·脩务训》）

刘向校"经传"、"诸子"、"诗赋"，刘歆卒父业，总群书而奏其七略，班固因之以作《艺文志》。《艺文志》明白指出道家中标名黄帝之书多是依托：

《黄帝君臣》十篇，起六国时，与老子相似。

《杂黄帝》五十八篇，六国时贤者所作。

《力牧》二十二篇，六国时所作，托之力牧。力牧，黄帝相。

《太公》二百三十七篇，吕望为周师尚父，本有道者，或有近世又以为太公术者所增加也。

《文子》九篇，老子弟子，与孔子同时，而称周平王问，似依托者。

由此可见，刘向所著录之书，是注意辨别其真伪，并已辨别其真伪。乃近有人以《艺文志》道家书，有依托于黄帝者（其实何止道家之书），由此类推，《老子》书亦为后人所依托。这样类推的结论是不可靠的，如果类推的结论可靠，则《艺文志》所著录之任何一书本，皆可推出是后人伪托，那么，编著我国古代学术史也几乎不可能，因为这些书皆可类推为后人伪托。

我们知道，司马迁家传《道论》，刘安直是道家，刘向亦家传老学，曾作《老子说》四篇。他们三人皆博极群书，所见古册比现在人为多，对老子之学又有研究，也能分辨古书的真伪，以及依托之书的由来，他们的话大体是可信赖的。所以《史记》叙述老学的渊源、老学的发展、老学之演变、老学与黄帝之关系、老学与刑名法术之学的关系，以及刘安对古代道术之分派，刘向总录群书，老学与兵家、权谋家、神仙家异类而不混同等，这也是可以信赖的。当然，我们不是说他们三人的话没有疏失之处，没有错误之处。纵则他们有疏失、有错误，但绝不会歪曲史实。

第五节　老学怎样转变为道教？

西汉初年，黄老学派在政治上渐占势力，而文、景又修黄老之言，故道家之学遂凌驾于其他百家之上。然仍是学术上的一派，并非宗教。迄东汉初，班固作《艺文志》，虽然把兵家之言、法家之言、权谋家之言混入道家，然道家与数术家、方技家则显然有别，如泾渭之分。但在东汉末年，黄老之学竟成一种新的宗教——道教，这是一惊人的事件。

道家何以变成道教？这一问题非常复杂，而手边参考资料又非常贫乏，现姑据《后汉书》及《三国志》的材料，试发其端。

黄老之学与佛教相结合，实始于东汉之宫廷。佛教传入中土，说者谓始于汉明帝："初明帝梦见金人，长大，顶有日月光。以问群臣,或曰:'西方有神,其名曰佛,陛下所梦,得无是乎?'于是遣使天竺,问其道术,而图其形象焉。"(袁宏《汉记》)然考其实,佛教东来,大概始于西汉初,据《汉书》,霍去病击匈奴,"收休屠祭天金人"。颜师古曰:"金人即今佛像。"汉明帝遣使往印度求佛之事,虽有疑之者,但汉明帝之弟楚王刘英已信佛教,"英少时好游侠,交通宾客,晚节更喜黄老学,为浮屠斋戒祭祀……明帝诏报曰:'楚王诵黄老之微言,尚浮屠之仁祠,洁斋三月,与神为誓……其还赎以助伊蒲塞桑门之盛馔。'"(《后汉书·楚王英传》)

由此可见,佛教在东汉初年宫廷之间已流行,并与黄老学同流,是其老子"神化"之始欤?至于佛老相合而发展为一种新的宗教,则在东汉末年,此则由"桓帝好神,数祀浮屠老子"之事可以见之。

"延熹中,桓帝事黄老道,悉毁诸房祀。"(《后汉书·王涣传》)"八年正月,遣中常侍左悺之苦县,祠老子;十一月使中常侍管霸之苦县,祠老子。"(《后汉书·孝桓帝纪》)"九年亲祠老子于濯龙宫,文罽为坛,饰淳金扣器,设华盖之坐,用郊天乐也。"(《后汉书·祭祀志》)此则桓帝"好神仙事",而老子亦被尊为神了。

由此可见,黄老之学不仅与浮屠相结,与神仙家亦合流,

第三章 老学的传授与演变 / 137

老子直成为天神矣。而"老子入夷狄，为浮屠"（《后汉书·襄楷传》）的神话，亦起于斯时矣。

黄老之学与佛教相混糅诚起于东汉之宫廷，但黄老学转变为黄老道则起于民间①。

"初，顺帝时，琅邪宫崇诣阙，上其师于吉于曲阳泉水上所得神书百七十卷，皆缥白素朱介青首朱目号《太平清领书》。其言以阴阳五行为家，而多巫觋杂语（注："谓神咒也，其咒有可使神为除灾疾"）。有司奏崇所上妖妄不经，乃收藏之。后张角颇有其书焉。""宫崇所献神书，专以奉天地顺五行为本，亦有兴国（胤）广嗣之术。"（《后汉书·襄楷传》）

由此可见，这些太平道书不外阴阳五行，有神咒以除灾疾，有方术以广后嗣。但这些道书也有政治上的要求："顺天地之道，不失铢分，则立致太平。"（注文引：《太平经·

---

① 据《后汉书·马援传》载："初，卷人维氾，妖言称神，有弟子数百人，坐伏诛，后其弟子李广等宣言，氾神化不死，以诳惑百姓，（光武）十七年遂共聚会徒党，攻没皖城（怀宁县），杀皖侯刘闵，自称南岳大师，遣谒者张宗将兵数千人讨之，复为广所败，于是使援发诸郡兵，合万余人，击破广等，斩之。"准此，东汉初，农民已利用宗教起义。

冲帝建康元年，"九江盗贼徐凤、马勉等称无上将军，攻烧城邑。"其明年，"历阳贼华孟自称黑帝，攻杀九江太守。"（《后汉书·顺、冲、质帝纪》）

桓帝建和二年，"长平陈景自号黄帝子，署置官属，又南顿管伯亦称真人，并图举兵，悉伏诛。"（《后汉书·桓帝纪》）

帝王》)

复次，这些道书流行民间，其影响当很大，因为东汉末年，农民起义，或自称"无上将军"，或自称"黑帝"，或自称"真人"。可见当时起义者已利用这些道书，组成宗教团体，以反抗封建的统治者，而以张角起义为最著：

"钜鹿张角自称大贤良师，事奉黄老道，蓄养弟子，跪拜首过，符水咒说以疗病，病者颇愈，百姓信向之。角因遣弟子八人，使于四方，以善道教化天下……十余年间，众徒数十万。"（《后汉书·皇甫嵩传》）据"张角自称黄天"及其"部师有三十六万皆著黄巾"为标帜，可以推断，是皆与张角之信奉黄老道有关；同时也可断定，原始道教实起于民间，作为封建时代农民起兵反抗统治阶级的工具。

与张角同奉黄老道而又同年起义者，尚有张修："秋七月，巴郡妖巫张修反，寇郡县。"原注："张修疗病愈者，雇以五斗米，号为五斗米师。"（《后汉书·孝灵帝纪》）

张角起义不到一年，则为统治者所压平，故其政治上的设施不得而知，这就是说，我们只知道张角利用宗教以达到政治的革命，至于政治理想何在，则不得而知。但世传道教的创始人张陵、张衡、张鲁的政治思想，则可得而言：

"（张）陵客蜀，学道于鹄鸣山，造作道书，以惑百姓。

从受道者出五斗米,故世号米贼。陵死,子衡行其道。衡死,鲁复行之。益州牧刘焉以鲁为督义司马。……鲁遂据汉中,以鬼道教民,自号师君。"张鲁的传道及其政治的设施,可分五点言之:(1)其来学道者,初皆名鬼卒。受本道已信,号祭酒,各领部众,多者为治头大祭酒。(2)皆教以诚信不欺诈,有病自首其过,大都与黄巾相似。(3)诸祭酒皆置义舍,如今之亭传,又置义米肉悬于义舍,行路者量腹取足,若过多,鬼道辄病之。犯法者三原,然后乃行刑。(4)不置长吏,皆以祭酒为治。(5)民夷便乐之,雄据巴汉垂三十年。(《三国志·张鲁传》)

由是以观,原始道教是有其政治理想,有其特殊的政治组织,它的道德是诚实不欺,它的社会措施是行路者皆得就食于义舍,它的政治组织是没有治人的长吏。这些政治理想和组织的根据何在呢?可以依据《典略》来说明,《典略》说:"使人为奸令祭酒,祭酒主以老子五千文,使都习,号为奸令。"可见《老子》书是当时的经典,大家都必须学习,因而原始道教的政治理想和设施皆出于《老子》书,亦即实现老子所主张"损有余以奉不足"的天道。当然,原始道教混入了许多迷信的成分。

若就宗教方面来说,黄老道的内容是:阴阳五行;符水咒语，请神役鬼，治病除灾；服食修养，炼丹求仙；以及兴胤广嗣；等等。这些东西是和《艺文志》中《数术略》、《方技略》所载"阴阳，五行，执不祥，劾鬼物，请官除妖，禳祀天文，请祷致福，请雨止雨，房中、神仙之术"相同。可见黄老道或道教是流传于社会上的"数术"和"方技"，亦即迷信与魔术的混合物。我们在上面已指出《数术略》、《方技略》所载之书，依托黄帝之名者有十五种之多。老子之言与黄帝之书既相混而成西汉初的黄老学，经过近百年的流传，托名黄帝之数术和方技的书自然要汇合于老子《道德经》而成为黄老道或道教了。可见老子之学变质而为宗教，是和老子与黄老之名常联结在一起有相当关系。

总而言之，老聃之学本是一些不满现状而又无可奈何之隐君子所创所传，其中有老聃、关尹、列御寇、庄周诸人，我们称这派人的学说为老学。老学初转变为稷下黄老学派，他们著书以干世主，乃以老子之学托始于黄帝，讲一套统治的法术，治乱兴亡的道理。这派人有彭蒙之师、彭蒙、田骈、慎到，以及环渊、接子，他们受供养于稷下，治黄老道德之术，故我们称之为稷下黄老学派。由于稷下派本黄老以讲"君人南面之术"，再转变为申不害、韩非的刑名法术之学。杨朱、庄周之言，田骈、慎到之说，申不害、韩非的法术皆汇合于《吕氏春秋》，构成黄老之学。这就是司马谈所谓"因阴阳之大顺，采儒墨之善，摄名法之要"的道家，亦即西汉初黄老之学，此则老学之四变。西汉黄老之学派至东汉初乃与浮屠之言发生联系，迄东汉末遂演变为宗教，流传于民间，有于吉的太平道、张角的黄老道、张鲁的鬼道，由是而构成道教。而老子亦成为道教的创始人，斯诚老学之大不幸也。

至于老子之学在中国哲学上所起的作用，则在老子哲学认为自然是基本的东西，它的本体论是气本论，它的宇宙论是气化的宇宙观，它的政治与人生哲学是"人法自然"。试从东汉以后来说：天文学家张衡的浑天说，实本之于老子的"有物混成，先天地生"；唯物论的哲学家王充的"天道自然"，据王充自谓："虽违儒家之说，合黄老之义也。"魏晋之间，王弼以唯心论的本体论来歪曲《老子》书，但同时的阮籍与嵇康仍主元气说，以万有变化为一气之盛衰，以人心为阴阳之精气。近人推尊宋、明儒家张载、王廷相、王夫子的哲学为唯物主义，实本之于老学的气本论与气化的宇宙观。朱熹的哲学基本上是理气二元论，但其宇宙论是气化的宇宙观。总之，中国哲学之辩证的、唯物的传统实渊源于老子之学。是则非此文所能详述，姑发其凡而已！

詹剑峰先生在黄山紫云居准备第二届国际中国哲学讨论会的论文（1979）

第四章　老子的人生哲学

第一节　老子的人生观

任何一个哲学家都有他的宇宙观，亦必有他的人生观，而他的宇宙观又决定他的人生观。因为人类在宇宙间真是极小极小的一点耳，至于个人，那才是恒河两岸一粒沙，渺小得不足以挂齿。所以一个哲学家必从整个宇宙来考察人生，明了宇宙发展的法则，以确定人生活动的方向。故老子曰：

> 从事于道者同于道，德者同于德，失〔天〕者同于失〔天〕。同于道者，道亦得之，同于德者，德亦得之，同于失〔天〕者，失〔天〕亦得之（二十三章）。
> 校释：王本作"从事于道者，道者同于道"，原重"道者"两字，《淮南子·道应训》引，不重，据删。

王本作"道亦乐得之",其下平行之句,均有"乐"字,多数本无"乐"字,据删。"失"字,据高亨说:"失当作天,形近而伪。"义较胜,故用之以解释这章的大义。"从事"二字贯三句。

在这章,老子表明人生应循道而趋,放德而行,顺天而动。盖体道之人,既知大道自在、自因、按其自身的规律而运行,所以人就应照道的规律以行动,既悟天之道是无私、均平、公道、利而不害,所以人就应按天之道以作为,唯人禀大道之性而具有三德,所以人就应放德而行,故曰,从事于道者同于道,从事于德者同于德,从事于天者同于天。因此,同于道者,道亦与之为一;同于德者,德亦与之为一;同于天者,天亦与之为一;所以人能"以天为宗,以德为本,以道为门,谓之圣人"。由此可见,老子的人生观和他的宇宙观是一致的,这叫作"天人不二"。

如果深一层看,则知老子人生观的要义是在"法自然"。盖道也,德也,天也,自然而已。而自然者,按其固有的规律以运行,所以自然是无私智,无私意,无私情,行所无事的。人应顺乎自然以行,便"优入圣域",而反乎自然以行,便招致祸害。故老子在其书的第二章则立"处无为"之教,而在六十四章则重"辅万物之自然而不敢为"之诫。

人既法自然,自然固无为。而四时行,百物生,所以人亦当"为无为,事无事"(六十三章)。但所谓"为无为"者,"循天之理"也,所谓"事无事"者,"因其相然也",并非不行不动,顽如铁石也。而所谓辅自然而不敢为者,则不让私心自用也。关于这个道理,刘安解释得很明白:"夫地势水东流,人必事焉,然后水潦得谷行;禾稼春生,人必加功焉,故五谷得遂长;听其自流,待其自生,则鲧禹之功不立,而后稷之智不用。若吾所谓无为者,私志不得入公道,嗜欲不得枉正术,循理而举事,因资而立,权自然之势,而曲故(高注:曲故,巧诈也)不得容者;事成而身弗伐,功立而名弗有,非谓其感而不应、攻而不动者。若夫以火爁井,以淮灌山,此用已而背自然,故谓之有为。若夫水之用舟,沙之用鸠,泥之用輴,山之用蔂,夏渎而冬陂,因高为田,因下为池,此非吾所谓为之。"(《淮南子·脩务训》)

总之,老子认为人生的总原理是顺自然的法则而无容私焉。分析其内容,则有下列各点:

(1)"为而不有"。道者,万物之所必由,德者,万物之所自得,据此以观,生蓄万物者,大道也,可是盈天地之间皆其所作,何曾有所辞谢;盈天地之间皆其所生,何曾占为己有；盈天地之间皆其所为，何曾自恃其恩；盈天地之间皆其所成，何曾自居其功。天道之运行如是，人生之行动亦然。故老子说：

"圣人不积"，"圣人无藏"。
既（尽）以为人，既（尽）以与人。
执左契而不责于人（即施而不求报也）。

由此观之，老子的人生观是：一个人要尽自己的力量，为人群服务，而毫不推辞（无藏）；一个人要尽自己的能力，为社会生产，而不占为己有（不积）；尽以施人，而不求报酬；尽以予人，而不以为恩；埋头工作而不矜能，有所成就亦不居功。这样的人只是完成自己的本性，发挥自己的生命力，不辞劳，不自私，不自矜，不自伐，以从事于社会事业。此则顺乎吾人本性的要求，亦即任自然的德性以行动。如同植物的开花，开乎其不得不开，自然发展，毫无矫饰。这就是老子"为而不有"的人生观。

但事物的发展是辩证的，唯其"无藏"，反而"有余"；唯其"尽以为人"，反而"己愈有"；唯其"尽以与人"，反而"己愈多"；唯其"不矜能"，反而"成其长"；唯其"功成不居",反而"不去"。故老子曰:"圣人不积,既以为人己愈有,既以与人己愈多";"夫唯不居,是以不去";"以其终不自为大,故能成其大"。

因此,我们认为老子的人生观是艺术的人生观。因为艺术家或者写一首诗,或者绘一幅画,或者作一支曲,在创作过程中,"用志不分,乃凝于神",固无自私、自利的打算,迨创作既成,把艺术品公诸大众,万人共赏,大家感到无限快乐,自己也感到无限欣慰。这样的人生观,用老子自己的话来表达,就是"为而不有","利而不害"。

(2)"至公"。"天无私覆也,地无私载也,日月无私烛也,四时无私行也。行其德而万物得遂长焉。"(《吕氏春秋·去私》)由此可见,自然之道,均平而至公。《吕氏春秋》有一个故事说明老子至公无私的见解:"荆人有遗弓者而不肯索,曰:'荆人遗之,荆人得之,又何索焉。'孔子闻之,曰:'去其荆而可矣。'老聃闻之,曰:'去其人而可矣。'故老聃可谓至公矣。"(《吕氏春秋·贵公》)

然而事物的发展是辩证的,故老子曰:"天地所以长且久者,以其不自生,故能长生。是以圣人后其身而身先,外其身而身存。以其无私,故能成其私。"(七章。从河上公本)

(3)"取虚"。庄子述评老子道术时,曾述到老子人生哲学是"人皆取实,己独取虚"(《庄子·天下》)。老子何以"取虚"呢?因为老子见到"天地之间,虚而不屈,动而愈出"夫虚空以"广大"、"无碍"为性,由于虚空之广大无边,故万物皆容于其中;由于虚空之无碍性,故万物能运行于其中。可见唯虚故能容,亦唯虚故能通,容乃成其大,通则能应变。此皆自然之理也。而人以自然为法则,故老子的人生观独"取虚"。所以老子说:

虚其心(三章)。
致虚极(十六章)。
上德若谷(四十一章)。
大盈若盅(虚),其用不穷(四十五章)。

由此可见,人要"虚其心",能虚怀若谷,是为上德。而能为天下谷者,则常德已至其极,直与道合而为一,故其用不穷。

唯虚能容人,故老子认为"人无弃人";唯虚能容物,故老子认为"物无弃物";唯虚能宽大,故老子主张"报怨以德","执左契而不责于人";唯虚能通变而不偏执,故老子对于"善者吾善之,不善者吾亦善之"。总之,虚则有容,有容乃大;虚则能通,通则因应无穷;此则老子之独取乎虚,而称之为上德也。

（4）"贵柔"。两千多年前就有人标出老子哲学的要义——"老聃贵柔"，而老子本人亦指出："弱者道之用。"我们在第九章亦曾阐明老子所说柔弱的含义：第一是生命的标志；第二是活泼、发展和充满生命力的东西；第三是活动、流行、灵活、善变化而不凝滞。所以在老子看来，柔弱是"生"的法则。

柔弱既是"生"的法则，所以老子的人生观特别重视"守柔"。他说：

> 守柔曰强。（五十二章）
> 常德不离，复归于婴儿。（二十八章）
> 含德之厚，比于赤子。（五十五章）

由此可见，"老聃贵柔"者，则要求人生应保持着生机、活泼、进取、善变、灵活，这样就能"柔弱随时，与理相应"，这样就能"天下之至柔，驰骋天下之至坚"，就能"柔弱胜刚强"，新生永远战胜腐朽。

综上所述，可得如下的结论。老子的人生观是建立在他的宇宙观之上的，也就是说，老子的宇宙观与人生观是打成一片的。域中之"常道既无为而无不为",所以人间之"上德亦无为而无不为";"大道汜兮,万物恃之以生而不辞,功成而不居",所以人生要"为而不有,利而不害";"天道无私、均平而至公",所以人生也要"无私、均平而至公";"天地之间,虚而不屈",所以"上德若谷,广德若不足";"弱者道之用",是以"人之生也柔弱"。一言以蔽之,人法道,道法自然。

第二节　上　善

德行之目的是善,这是任何道德学者所共同承认的。但什么是善?解答就大不相同了。因为阶级立场的不同,故所见之善亦异。快乐论者以快乐为善,幸福论者以完成机能为善,克己论者以德行自身为善。至于老子则以顺自然的规律以生活者为善,反自然的规律以生活者则为恶。

我们知道,老子是反抗封建社会的哲学家,他首先对封建主所称为善与恶抱着怀疑的态度,所以他说:

> 唯之与阿,相去几何?善之与恶,相去何若?人之所畏,不可不畏。(二十章)

"唯"者，低声应也，"阿"者，高声应也；然世人则以唯应为恭，为礼，以阿应为慢，为野。若以事论之，皆应声也。然则恭之与慢、礼之与野，究竟相去有几何呢？据此以观，世人所说的"善"和世人所说的"恶"，相去究竟在哪里呢？还不是同"唯"之与"阿"一样，一则以为礼，一则以为非礼。很显然，老子怀疑当时社会所公认之善和恶。但身处"人间世"，则"唯"、"阿"之应，不得不遵，善恶之别，不可不畏。故曰，"人之所畏，不可不畏"，此则老子之"苟免于咎"而已。

老子认为世俗所谓善与恶是相对的，可以转化的。在此时认为善的，而在异时则认为恶；在此地认为恶的，而在彼地则认为善；善与恶因时因地因条件而转移。而且善恶相因而起，善可转化为恶，恶可转化为善。所以老子说：

> 天下皆知善之为善，斯不善矣。（二章）
> 人之不善，何弃之有。（六十二章）

最后，老子对封建社会所认为善之德目，如圣，如智，如仁，如义，如礼，以及其他，一概取否定的态度，所以他说：

> 绝圣弃智,民利百倍,绝仁弃义,民复孝慈。(十九章)
>
> 下德不失德,所以无德。失德而后仁,失仁而后义,失义而后礼。(三十八章)

准此以观,老子岂不是完全否认了善么?是亦不然。老子所否认的善,乃封建统治者所钦定之善,而其所建立者,则为"上善"。所谓上善者,则排除私欲、纯任自然、与道合一之善。故老子曰:

> 上善若水。水善利万物而不争,处众人之所恶,故几于道。居善地,心善渊,与善仁,言善信,政善治,事善能,动善时。夫唯不争,故无尤。(八章)

兹集引旧注,以说明这章的意义。"上善者,道之所谓善者也。非'天下皆知善之为善'者也,故若水焉。"水有三能七善:凡利物之谓善,诸生得水以生,万物取资而不匮,可见水无所不利,此水之一能也。"天下之物莫柔弱于水",升为云霞,降为雨露,泽被万物,施而不争,此水之二能也。水性就下,就下者处卑,卑下者,众人之所恶,而水居之,然而"江海之能为百谷王者，以其善下之"，此水之三能也。水无所不利，是其德宏，利而不争，是其德谦，处下藏垢，是其德宽容，故水之善几于道矣。水行于地，善就卑下，滋润群生，此一善也。水止渊澄，波流九变，不失明静，此二善也。水性膏润，善能升降，无不沾济，此三善也。水能照物，妍丑无差，流满辄移，行险不失，此四善也。水性平清，善定高下，涤荡群物，使无尘秽，此五善也。水之性柔，能圆能方，随器易形，无用不成，此六善也。水之性动，随时善变，冬凝夏液，不差其节，此七善也。至人法道，以水为准则，故至人所居，善执谦下，顺物自然，行无所事，如水在地，故曰"居善地"。至人之心，善保虚静，洞鉴幽微，湛然通彻，故曰"心善渊"。至人施与，惠及天下，不怀私爱，如水之滋，故曰"与善仁"。至人之言，善守诚信，不与物期，自然符契，如水影物，故曰"言善信"。至人从政，善治人民，正容悟物，物自顺从，如水之平，故曰"正善治"。至人临事，善能任物，随器授职，不失其材，如水之柔，故曰"事善能"。至人动静，善观其时，出处应机，能全其道，如水之动，故曰"动善时"。总之，上善利物而不争，人能法之，则无怨尤。

由此可见，"离道以善，险德以行"，尽属不德；善不离道，方为上善。

人之进德达到上善，则言行无不妥当，故老子曰：

> 善行无辙迹，善言无瑕谪，善计不用筹策，善闭无关楗而不可开，善结无绳约而不可解。是以圣人常善救人，故无弃人，常善救物，故无弃物，是谓袭明。故善人者不善人之师，不善人者善人之资。不贵其师，不爱其资，虽智大迷，是谓要妙。（二十七章）

试释其义。善行者，顺道而行，"为无为，事无事"，故曰，"善行无辙迹"。善言者，据理而言，"淡乎其无味"，至当而不辩，故曰，"善言无瑕谪"。善计者，以道为计，则"繟然而善谋"，"疏而不失"，故曰"善计不用筹策"。庄子有言："天下有常然，常然者，附离不以胶漆，约束不以缧索。"故善闭者，因其自然而闭之，所以无关楗而不可开，善结者，因其自然而结之，所以无绳索而不可解。圣人以上善救人，常因自然而救之，人各安其性，各尽其能，各得其用，故无弃人。圣人以上善救物，常因自然而救之，物各遂其生，各得其所，各安其位，故无弃物。人无弃人，物无弃物，这叫作相因而明。故善人是不善人之师，不善人是善人之资，也可说，善人以不善人为资，不善人以善人为师。如果没有不善人为资，则善人无从为师，如果没有善人施教，则不善人亦无从取师，可见善人与不善人是相因以明。现在不贵其师，亦不爱其资者，则以"善者吾善之，不善者吾亦善之"，虽有智者对此亦迷惑而不解，实则救世之要妙也。

由此可见，上善救人救物，皆因其自然而救之，故人无弃人，物无弃物。

第三节 实践的道德

全部《老子》书都是阐扬道德，论道则有常道、天之道等等，论德则有上德、玄德等等，其意义颇微妙玄通。本节所说实践的道德，乃指修己处人寻常日用的道德。

本来道德的意义就是人与人相处的道理或准则。因为人不能孤立，总是要在社会里生存。人既生存于社会，彼此都要生活下去，人们"取与"、"交际"之间就有应遵的准则和各尽的本务。任何社会诚然都有人与人相处的道理或准则，但是道德的具体内容是因社会之不同而不同，随社会的改变而改变；道德的标准是随阶级的敌对而不同，因阶级的立场而改变。不过站在特定的阶级立场，道德总有一个标准，各人亦有应尽的本务。而且道德不是口头说说而已，而是必须切实践履，所以躬行道德和完成本务，那就必须注意个人的道德修养。试以孔子和老子的言论相比较，就可明显地看出来。孔子与老子的阶级立场是不同的，所以两人所规定的道德准则和义务亦不同。孔子是站在维持当时的封建制度的立场，而老子则站在反对当时的封建制度的立场，所以孔子所讲的主德是仁、义、礼、智，而老子则主张绝仁弃义，绝礼弃智；孔子大谈其"君君、臣臣、父父、子子"，而老子根本不买这账，并说"国家昏乱有忠臣，六亲不和有孝子"。至于道德的修养方法，两人所见亦不相同。孔子贵人功，而老子则顺自然，孔子主"刚毅木讷"，而老子则主"积于柔则刚"。不过两家都主张从修身开始，儒家有一套修身、齐家、治国、平天下之道，而老子也有"修之于身，于家，于邦，于天下"之德。

现在先谈老子的道德修养，再述老子的道德准则。

老子讲修养，虽从修身讲起，而其最后目的则在推之于治天下，所以老子的讲道修德，不限于个人的修身，并与政治有密切的联系。老子之言曰：

　　修之于身，其德乃真。修之于家，其德乃余。修之于乡，其德乃长。修之于邦，其德乃丰。修之于天下，其德乃

普。故以身观身，以家观家，以乡观乡，以邦观邦，以天下观天下。吾何以知天下之然哉？以此。（五十四章）

儒家的讲修身是从"格物致知，正心诚意"着手，但老子的讲修身，究竟从何着手呢？据庄子说："道之真以治身，其绪余以为国家，其土苴以治天下。"（《庄子·让王》）准此，修身是从"道"开始，"道之真以治身"，则"其德乃真"矣。

但韩非对这章的解释则谓："身以积精为德，家以资财为德，乡、国、天下皆以民为德。今治身而外物不能乱其精神，故曰'修之身，其德乃真'。治家者无用之物不能动其计，则资有余，故曰'修之家，其德乃余'。治乡者行此节，则家之有余者益众，故曰'修之乡，其德乃长'。治邦者行此节，则乡之有德（？）者益众，故曰'修之邦，其德乃丰'。莅天下者行此节则民之生莫不受其泽，故曰'修之天下，其德乃普'。"（《韩非子·解老》）

韩非的解释，是否真正合乎老子的本意，虽不敢断定，但他指出道德的修养是从节约开始，治身能节约，则精神不为"物欲"所引诱，常保其自然的真诚；治家能节约，则"无用之物不能动其计"，而资财有余矣；莅天下者推行节约，则"民生莫不受其泽"矣。这颇符合老子"少私寡欲"和"我无事而民自富"之旨。

由是进而述老子的修养之方。

一曰啬。老子之言曰:

> 治人事天莫如啬。夫唯啬,是以早服。早服,是谓重积德;重积德,则无不克;无不克,则莫知其极;莫知其极,则可以有国。有国之母,可以长久。是谓深其根,固其柢,长生久视之道(五十九章)。
>
> 校释:凡下有+之字,均据韩非本改或增。"啬",《说文》"爱濇也",现言"爱惜","俭约","节省"。

据我看,这章的注以韩非的解说为最好,兹节引其解。所谓"天",指人们天官的功能,如耳能听谓之聪,目能视谓之明,心能思虑谓之睿智;所谓人,则指人们运用聪明睿智以动静思虑。"所谓治人者,适动静之节,省思虑之费也。所谓事天者,不极聪明之力,不尽知识之任。啬之者,爱其精神,啬其智识也。"如果聪明思虑用之太过,则有盲、聋、悖狂之害。所以治人事天最好的方法莫过于啬。

啬这个方法从何而来呢?韩非说:"啬之为术也,生于道理。夫能啬也，是从于道而服于理者也。众人离（罗）于患，犹未知退，而不服从道理。圣人虽未见祸患之形，虚无服从于道理，以称早服。故曰，夫唯啬，是以早服。"

什么是"早服"呢？就是重积德。故韩非说："知治人者，其思虑静，知事天者，其孔窍虚。思虑静，则故德不去，孔窍虚，则和气日至。夫能令故德不去，和气日至者，早服者也。故曰'早服，是谓重积德'。"

积德的效用是很大的："积德而后神静，神静而后和多，和多而后计得，计得而后能御万物，能御万物，则战易胜敌，而论必盖世，故曰重积德，则无不克。"

总之，用"啬"这方法以治身，则精不亏，必能保其身，终其天年。用"啬"这个方法以治国，则民不劳，必能有其国，安其社稷。

二曰"见素抱朴"。未染有色的丝叫作素，未斫为器的木叫作朴。可见"素朴"就如同"清水出芙蓉，天然去雕饰"。而"见素"则明自然之道，"抱朴"则守自然之德。所以一个人的修养"无失其朴，则放风而动，总德而立矣"（《庄子·天运》）。

老子谈到朴的地方很多，兹引而释之。

化而欲作,吾将镇之以无名之朴。(三十七章)

常德乃足,复归于朴。(二十八章)

敦兮其若朴。(十五章)

综而观之,一个善于修养的人,当自私自利的欲念兴起时,就要用"无名之朴"把它压下去;在平时就要虚怀若谷,宽容于物,不削于人,使常德充足,以复归于朴;这样守朴的人永远是质直的、敦厚的、浑而不露的,保着自然的本色。

复次,老子认为有道者的修养常保持其纯真,如同婴儿一样,故他说:

专气致柔,能婴儿乎。(十章)

我独泊兮其未兆,如婴儿之未孩。(二十章)

常德不离,复归于婴儿。(二十八章)

含德之厚,比于赤子,毒虫不螫,猛兽不据,攫鸟不搏,骨弱筋柔而握固。未知牝牡之合而朘作,精之至也。终日号而嗌不嘎,和之至也。(五十五章)

老子谈到修养,常以婴儿作比喻者,因为婴儿的特性是天真的、纯厚的、生机活泼的、不识不知的,"动不知所为,行不知所之"，盖"全于天者"。全于天者，"忧患不能入，邪气不能袭，故外物莫能伤。"而且婴儿者，天纯未散，元气充足，形全之至，精之至，和之至，是其德全而神不亏，故有道者取之以为法。

三曰"少私寡欲"。前述老子的人生观提出"无私无欲"，而这里又说"少私寡欲"。这两种提法是否自相矛盾呢？是否如冯友兰所说老子的无欲就是寡欲呢？这是需要加以解决的。

我们知道老子不是"以自苦为极"的克己主义者，故他不主张去欲、绝欲、无欲，这从他主张"甘其食，美其服，安其居，乐其俗"可以看出来。我们又知道老子的"大道"是必然依照其内在的规律以运行，并没有智慧，没有意志，故他认为"道不私"，"无名之朴夫亦将无欲"。人按自然的规律行事，故亦当无私无欲，而无私是以成其私，则不欲是以遂其欲（圣人欲不欲）。由此可见，老子提出少私寡欲，可以说是修养之方。盖人总是人，人的私与欲总是难免的，只能使私心减少，而欲自寡。也就是说，"恬淡为上"，不要以人灭天，不要以身殉物，否则要自讨苦头吃的。故老子曰：

五色令人目盲，五音令人耳聋，五味令人口爽，驰骋

田猎令人心发狂,难得之货令人行妨。是以圣人为腹不为目,故去彼取此。(十二章)

有人认为老子在这里反对一切物质文明,这确是一个误解。老子在这里不过警诫人对声色口味货利贪之过甚,则招致祸害。因为"视强则目不明,听甚则耳不聪,思虑过度则知识乱。目不明,则不能决黑白之分,耳不聪,则不能别清浊之声,知识乱,则不能审得失之地。如是,则盲聋悖狂之祸至"(《韩非子·解老》)。所以"为腹不为目"者,则以物养己而不以物役己,亦即人当役物而不役于物,永远做物欲的主人,不做物欲的奴隶。

既说明老子的道德修养,再阐述老子所立的道德准则。

儒家有三达德(智、仁、勇),老子亦有三宝,其言曰:

> 我有三宝,持而宝之:一曰慈,二曰俭,三曰不敢为天下先。慈,故能勇;俭,故能广;不敢为天下先,故能为成事长。今舍慈且勇,舍俭且广,舍后且先,死矣。(六十七章)
>
> 校释:"故能为成事长",从韩非本。三宝之"宝",作"道"字解,故韩非说"事必万全而举无不

当，则谓之宝矣"。"持而宝之"之宝，言宝重也。

一曰慈。"慈"，有释为"柔"，有释为"仁"，似皆不妥。慈是爱，"如爱子者，慈于子"，但慈不限对人，如"重生者，慈于身；贵功名者，慈于事"。可以这样说，慈是爱护备至、仔细入微、深思熟虑、举无不当，"尽如慈母之为弱子虑也"。故慈是人之本性，使人"能自全而尽随于万物之理者"。"故临兵而慈于士吏，则战胜敌，慈于器械，则城坚固。"

二曰俭。俭是"徐而不费"，"以约为纪"。韩非解释俭德的根据及其作用，颇为具体。其言曰："冬日之闭冻也不固，则春夏之长木也不茂。天地不能常侈常费，而况于人乎？智士俭用其财，则家富；圣人爱宝其神，则精盛。"

三曰不敢为天下先。这句话多解为"谦退"，为"取后"，但据我的看法，还是韩非解释得对。他说："欲成方圆，而随其规矩，则万事之功形矣。而万物莫不有规矩，圣人尽随于万物之规矩，故曰，'不敢为天下先'。"严遵《指归》解释"不为天下先"，亦简明。其言曰："玄默托后，不为物先。合和顺理，以应自然。"可见"不敢为天下先"是行为必遵循事物的规律。

这样的解释与老子"守常"之旨相合，盖万物有常理或规矩，有道者洞明常理（掌握事物的规律），遵而守之，亦即照着客观规律办事，就"能为成事长"；否则，必招致祸害。故《老子》在十六章说："知常曰明，不知常，妄作，凶。"在这章亦特别指出："今舍慈且勇，舍俭且广，舍后且先（不随万物之规律），死矣！"

四曰谦。谦德虽不列在"三宝"，然而确是老子的实践道德的一个准则，后汉班固评道家时还说它"合于尧之克攘（让），易之嗛嗛，一谦而四益"（《艺文志》）。盖老子有见于大道"为而不恃，功成而不居"，所以人亦当自谦，故他说：

以其终不自为大，故能成其大。（三十四章）

不自见故明，不自是故彰，不自伐故有功，不自矜故长。（二十二章）

由此可见，不自大、不自见、不自是、不自伐、不自矜，皆"谦"也。但不自大反而成其大，不自见反而明，不自是反而彰，不自伐反而有功，不自矜反而能长。此则"谦受益"也。

谦之反面为骄，故骄为老子所深戒。故他说：

果而勿矜，果而勿伐，果而勿骄。（三十章）

富贵而骄，自遗其咎。（九章）

自见者不明，自是者不彰，自伐者无功，自矜者不长……故有道者不处。（二十四章）

自见、自是、自伐、自矜，皆"骄"也。但自见反而不明，自是反而不彰，自矜反而不长，是诚"自遗其咎"，此则"满招损"也。故老子垂诫：勿矜，勿伐，勿骄。

由此观之，谦虚而不骄傲确是老子所立道德的准则。所以当孔子来向他请教时，他直挥胸臆，告诉孔子曰："良贾深藏若虚，君子盛德，容貌若愚。去子之骄气、态色与淫志，是无益于子之身。吾所以告子，若是而已。"

复次，老子还强调："上德若谷，广德若不足，健德若偷，质真若渝。"这表明老子的道德修养很高、虚怀若谷的气象。

老子以"啬"、"见素抱朴"、"少私寡欲"以及"慈"、"俭"、"守常"、"谦虚勿骄"等来修己、立身、处人、接物、治事，从而表现老子独特的思想作风，如"知足"与"宽大"等等。

由于"俭"，故老子主张"去甚、去奢、去泰"（二十九章)。

由于"慈",故老子非常宽容:"报怨以德"(六十三章);"执左契而不责于人"(七十九章);"善者吾善之,不善者吾亦善之"(四十九章)。

由于"少私寡欲",故老子很"知足","知足者富"(三十三章);"知足之足,常足矣"(四十六章)。他又提出警告:"甚爱必大费,多藏必厚亡。知足不辱,知止不殆,可以长久。"(四十四章)至于抨击"罪莫大于多欲,祸莫大于不知足,咎莫憯于欲得"(从韩非本),此则老子斥责"大为诸侯、小余千金之资"之流,贪得无厌,损人利己,是诚罪之最大者。

由于谦虚,故老子主张处下。"江海所以为百谷王者,以其善下之,故能为百谷王。"(六十六章)

综而观之,老子的道德修养和准则,并不是板起面孔说教,而是辩证地透露人情、切合实际,故其言虽微妙,而实在是平凡的真理。

第四节　论摄生

据《史记》所传,老子是一个修道而养寿的隐君子,而庄子亦说老子有"卫生之经"。后世"黄老道"遂据此谓老子为神仙之祖，而"今儒"亦缘此谓老子是"拔一毛利天下而不为"的杨朱之徒。是诚穿凿附会之谈，然而不可以无辩。

查《老子》书，固"不言药，不言仙，不言白日升青天"。则以养生而论，也只有"盖闻善摄生者"及"长生久视之道"这两句话，可见老子并不重视养生这个问题。

可是后代的道士们把修炼精、气、神之术尽附会于《老子》书之"其中有精"、"专气致柔"，"谷神不死"之言。当然，他们所说的"气"，乃指呼吸吐纳的气；他们所说的"精"，乃指人身中的精液；他们所说的"神"，乃指长生不死之神。这种修炼自是魔术与宗教的结合物。而开其端者，则河上公之注。《老子》六章"谷神不死"，河上公注道："谷，养也。人能养神，则不死。神，谓五藏神也。肝藏魂，肺藏魄，心藏神，脾藏意，肾藏精与志。五藏尽伤，则五神去。"《老子》五十九章"是谓深根固柢"，河上公注道："人能以气为根，以精为蒂。如树根不深则拔，蒂不坚则落，言当深藏其气，固守其精，使无漏泄。"可见以"吐纳导引之术"解《老子》书，实始于河上公。

关于"谷神不死"之注，显然是妖言惑众，就是"是谓深根固蒂"之注，也是谬误的。韩非之解，可以做证。其言曰:"德也者,人之所以建生也;禄也者,人之所以持生也。今建于理者,其持禄也久,故曰,'深其根'。体其道,其生日长,故曰'固其柢'。柢固则生长,根深则视久。故曰,'深其根,固其柢,长生久视之道也。'"(《韩非子·解老》)由此可见,用"道以与世周旋者,其建生也长,持禄也久",哪里有一点"藏气"、"固精"的意味呢?

尤其离奇的,把"长生久视"解释为"长生不死"。其实"长生久视(活)",只是保其天年而已。故荀子有言:"孝悌原悫,䩦录(劳身)疾力,不敢怠傲,是庶人之所以取暖衣饱食,长生久视,以免于刑戮也。"

由此可见,"老道"们把《老子》书中片语只辞附会为神仙之说,尽妄也。

现在来考察一下"今儒"谓老子为杨朱之徒的新论。有人把《老子》书中半句话"贵以身为天下,解释为:即以身为贵于天下,即'不以天下大利,易其胫之一毛','轻物重生'之义也"。这是任意曲解。因为老子在这章明白说:"贵大患若身,何谓贵大患若身?吾所以有大患者,为吾有身;及若吾无身,吾有何患?故贵以(用)身为天下,若(如此乃)可寄天下。"老子既肯定人之大患是有身,而竟贵爱其胫上之一毛,天下有这样的怪人怪事么?

夫"阳生贵己",而老子绝不"贵己",更不"贵生"。故老子曰:

> 夫唯无以生为者,是贤于贵生。按傅奕本作:夫唯无以生为贵者。(七十五章)

"无以生为"者,不以生为事也,亦即不以厚养其生为事也。故老子说,"夫唯无以生为者,是贤于贵生"。

老子不仅反对厚养其生,并以厚养其生为殃。其言曰:

> 益生曰祥(殚之假借,殚,殃也),心使气曰强,物壮则老,谓之不道,不道早已(死也)。(五十五章)

益生者,言以外物增益其生或藉外物以滋补其生也,益之唯恐不赡,反而损害其生,是则益生足以招致祸害,故谓之为殃;心使气则僵,物过壮则老,凡此皆属不道,而不道早死。所以老子又说:

> 出生入死。生之徒十有三,死之徒十有三,人之生,动之死地,亦十有三。夫何故?以其生生之厚。盖闻善

摄生者，陆行不遇兕虎，入军不被甲兵。兕无所投其角，虎无所措其爪，兵无所容其刃。夫何故，以其无死地。（五十章）

校释："人之生，动之死地。"韩非、傅奕本作："人之生生而动，动皆之死地。"关于"生之徒十有三，死之徒十有三"的解释，人各异说。例如，韩非以四肢与九窍尽属于生者十有三，至其死也，皆还而属之于死十有三。严遵以"虚、无、清、静、微、寡、柔、弱、卑、损、时、和、啬十三者为生之徒，以实、有、浊、扰、显、众、刚、强、高、满、过、泰、费十三者为死之徒"。还有各色各样极离奇的说法。故我们对此不作强解。兕之角，虎之爪，兵之刃，喻万物之害也。试释其大意于下：

凡物皆一气之化，出则谓之生，入则谓之死。人之生死亦一气之聚散耳，气变而有形，形变而有生，生者气之聚也，生变而之死，死者气之散也。故人之生，必有其所以生之理，而人之死，亦必有其所以死之理。故死死生生，皆自然之理也。但一般人不知死生乃道之大常，既生之后，自贵其身，求益其生，然而动皆之死地。这是什么缘故呢？因为有些人席丰履厚，想尽办法以求增益其生，许多富贵人，遂死在声、色、厚味之下。至于善摄生者则不然,知生有常理,则守道抱德而不厚其生,知死亦常理,则乐天处变而不忧其死。生死不能动其心,则无物足以害之,所以"兕无所投其角,虎无所措其爪,兵无所容其刃"。这是什么缘故呢?以其不怕死。此之谓"善摄生"。

这一摄生之理,庄子亦有所发挥。其言曰:

> 古之真人,不知说(悦)生,不知恶死。其出不䜣(欣),其入不距。翛然而往,翛然而来而已矣。不忘其所始,不求其所终,受而喜之,忘而复之。是之谓不以心捐道,不以人助天,是之谓真人。(《庄子·大宗师》)

由此可见,老庄对于个人的生命是采取自然观的:以生为适来,以死为适去。"适来夫子时也,适去夫子顺也。安时而处顺,哀乐不能入也。"(《养生主》)这个道理连汉文帝都懂得,他说:"朕闻之,盖天下万物之萌生,靡不有死。死者天地之理,物之自然,奚甚可哀!"

由此观之,老子摄生之论,与神仙家长生不死之想固毫无关系,与杨朱贵生之论亦风马牛不相及,然而"老道"与"今儒"竟混而同之,故我们不得不辞而辟之。盖老子所谓摄生,只是"抱一勿失","交乐乎天,不以人物利害相撄",[①]则一切得失、祸福、穷通,无足以挠其心者,甚至"死生亦无动于己",如是则身心泰然。这就是"卫生之经"。

由此来探究司马迁谓老子是修道而养寿的隐君子,究竟是什么样的人?这可依据老子自己的话来表明,他说:

> 吾言甚易知,甚易行。天下莫能知,莫能行。言有宗,事有君。夫唯无知,是以不我知。知我者希,则我者贵。是以圣人被褐怀玉。(七十章)

校释:"则我者贵"之"则",读如贼,害也;谓害我者是居上位的贵人。"褐",毛布之衣,贱者所服。"怀玉",喻有道。

大意是:老子表明他所教人的,只是"慈"、"俭"、"不先"、"柔弱处下"等极平常极简单的道理,这本是很易知的,很易行的。然而天下人竟莫能知之,莫能行之。何以不能知、不能行呢?因为人们不懂得我所言所行皆宗无为而自然的大道,反以为"我道大似不肖"。正唯他们的无知,是以不

---

① 参考《庄子·庚桑楚》篇老子说"卫生之经",言之甚详。

了解我的教诫。知道我的已经很少了,而迫我的又是一般贵人,所以不得不披上微贱之服韬光自晦,然而我却怀抱着坚贞的宝玉,非富贵所能淫,威武所能屈的。所以他又说:

> 不可得而亲,不可得而疏;不可得而利,不可得而害;不可得而贵,不可得而贱。故为天下贵。(五十六章)

这章是老子自道之言,表明一个有道之士,不为世之毁誉所动,"举世誉之而可加劝,举世非之而不敢沮",故"不可得而亲,不可得而疏";他"不就利,不违害",故"不可得而利,不可得而害";他"不荣通,不丑穷",故"不可得而贵,不可得而贱"。一个不可得而亲、疏、利、害、贵、贱的有道之士,才是天下最高贵的。这样的隐君子"若沉默无言之峭壁,屹立于汹涌的人海之中"。

综合这两章的话来看,老子是有牢骚的,然而又是很自负的。他慨叹俗人之无知,蔑视贵人的迫害。他以有道的圣人自许,坚持真理,对于毁誉、利害、贵贱都置之度外。据我看,这就是孟子所谓"大丈夫"以及"穷则独善其身,达则兼善天下"之所本。因此我怀疑孟子原宗老子,其后转入儒家,"独善兼善"之言，固本于老子的"被褐怀玉"，他如"民为贵，君为轻"，则本于老子的"贵以贱为本"；"井田之制"，则本于老子的"小国寡民"；"孟子道性善"，则本于老子的"含德之厚，比于赤子"；孟子的"养气"，则本于老子的"专气致柔"；老子说"古之善为道者，非以明人，将以娱之"，孟子亦说"今王与百姓同乐，则王矣"；老子说"以智治国，国之贼"；孟子亦说"所恶于智者，以其凿也"。所以孟子不攻老子者，则以老子是他所心服的人，而独攻杨朱者，则以杨朱是"拔一毛而利天下不为"的极端个人主义者，这不仅违反老子至公无私之教，亦违反儒家"泛爱众而亲仁"之义，故斥杨朱之说为"邪说诬民"。可见近人谓"老子乃继杨朱之绪的避世之士"，诬也！

总之，老子是受到当时贵人的迫害，不得不退隐于陈，漫游于鲁、宋、秦之间，故他说"豫兮若冬涉川，犹兮若畏四邻"，然而他抱一守道，利害死生无足以挠其心，故他说"敦兮其若朴，旷兮其若谷"。而且他救世之志不衰，故著书立说以垂于后世，希有见用之时。可见老子并非春秋末叶那些消极不干预世事之士，亦非后代自命清高遗世而独立之人。

詹剑峰（右）、桂丹华（中），巴金（左）在法国（1928）

第五章　老子的政治哲学

第一节　老子的社会演变观

老子的政治思想是本之于他所见的"常道"与"天道",亦即本之于自然及其法则。自然的发展是辩证的,所以社会的演变亦必然是辩证的。

我们已经指出,老子所见之"常道",始于鸿蒙的一气,由于其本身的法则,不断运动,逐渐分化而凝成天地万物,而"万物芸芸,又必各复归其根",亦即必复归于"道"。这就是老子依据他的自然辩证观而得到的宇宙发展论。我们又知道,老子是周室图书馆的职员,他所见的古代典籍必定很多,而且他身经春秋大变动的社会,又活到百岁左右,他一生所取得的经验必定很丰富,于是用他的自然辩证观来考察过去的社会和当时的政治情况,见到人类社会不是一成不变的,而是不断演变的。太上之世，自然没有侯王，也就没有压迫，没有剥削，农民们"日出而作，日入而息，凿井而饮，耕田而食，帝力何有于我哉"，因而他们"含哺而熙，鼓腹而游"，过着自由自在的生活。但社会总是不断变化的，演变到春秋时代，以强凌弱，以众暴寡，以富压贫，以智欺愚，统治的领主们进行残酷的剥削，以过其穷奢极欲的生活，而被统治的劳动人民则饔飧不继，逼上梁山，又遭到凶暴的镇压，这真是"人与人相食"的社会。但依据自然辩证观，物极必反，剥极必复，所以在老子看来，春秋末的社会已到"必复"的阶段，而"复"又必返于"道"，亦即必返于无侯王、无压迫、无剥削的社会。这种社会演变观，在现行《老子》书十七、十八、十九章得到充分的说明。

十七章说："太上，不知有之；其次，亲而誉之；其次，畏之；其次，侮之。信不足，焉有不信。悠兮其贵言！功成事遂，百姓皆谓我自然。"

校释："太上，不知有之"之"不"，从吴澄本。"太上"，言太古之世，"不知有之"，言不知有君。"焉"，于是也；"其"，犹岂也。此言诚信不足，于是有不信，例如,"商人作誓而民始叛,周人作会而民始疑",此皆信不足之故。依道而行,何须说得好听!功成事遂,归于自然,道何言哉!

这章表明太古之世,不知有君,人民耕而食,织而衣,"功成事遂,百姓皆谓我(大道)自然"。很显然,这是原始公社时代的社会。从辩证法看,这是正。

十八章说:"大道废,有仁义。智慧出,有大伪。六亲不和,有孝慈。国家昏乱,有忠臣。"

这章表明社会背弃自然的道德,而用人们的私心,乃出现诈伪、不和、昏乱的社会,亦即人压迫人、人剥削人的封建社会。从辩证法看,这是反。

十九章说:"绝圣弃智,民利百倍。绝仁弃义,民复孝慈。绝巧弃利,盗贼无有。此三者以为文不足,故令有所属。见素抱朴,少私寡欲,绝学无忧。"

校:"绝学无忧",原为二十章的首句,今移至十九章末。"学",指圣智之学。

这章表明老子的积极的主张：由圣智的社会复归于素朴的社会。"素朴而民性得矣"。用现代术语说，打破以仁义礼智装饰起来的阶级森严的封建社会，复旧于素朴纯良没有阶级的原始公社，这就是复归于"道"。从辩证法看，这是否定之否定。

总之，政治社会的演变是从原始公社到封建社会，据自然之道以观，"夫物芸芸，必复归其根"，故由封建社会应复归于原始公社状态的社会。这种社会演变的看法是由老子的自然辩证观得来的，但老子绝对没有梦见社会的发展是为生产方式所决定的，所以老子的认识和解决社会问题绝对不是历史唯物主义的，他只是从统治的方式去说明政治社会的演变。大概老子依据他所见到的典籍，把社会的演变分作三个阶段，但语焉不详，唯有借助于《庄子》所载的资料来作说明。

老子认为太上之世，民不知有君，最早的时代是："古者禽兽多而人少，于是民皆巢居以避之。昼拾橡栗，暮栖木上，故命之曰有巢氏之民。古者民不知衣服，夏多积薪，冬则炀之，故命之曰知生之民。神农之世，卧则居居，起则于于，民知其母，不知其父，与麋鹿共处。耕而食，织而衣，无有相害之心，此至德之隆也。"（《庄子·盗跖》）由此可见，太上之世即远古社会，包括原始群到氏族公社，人类社会由采集生活，而渔猎生活，而牧畜生活，而耕稼生活，最后到农业定居生活。这一阶段实从旧石器时代到新石器时代，可能到"以铜为兵"的时代。据庄子的报道，这种男耕女织的氏族公社仍保存于尧舜禅让时期，其言曰："舜以天下让善卷，善卷曰：'余立于宇宙之中，冬日衣皮毛，夏日衣葛绤，春耕种，形足以劳动，秋收敛，身足以休食，日出而作，日入而息，逍遥于天地之间，而心意自得，吾何以天下为哉。'"（《让王》）这样的原始社会即老子所说太上之世，没有君长，没有压迫，人们完全依照自然法则以行动，功成事遂，百姓皆谓道自然，此至德之世也。

就在至德之世出现了仁义的社会。在上者以仁义治天下，人民被其仁，故亲而附之，怀其义，故誉而举之。如"舜有膻行，百姓悦之。故三徙成都，至邓之虚，而十有万家，尧闻舜之贤，举之童土之地。曰，'冀得其来之泽'"（《庄子·徐无鬼》）。这就是社会演变的第二阶段。

可是仁义之治也不能持久，因为"煦煦以为仁，孑孑以为义"，"爱利出仁义，捐仁义者寡，利仁义者众"（《徐无鬼》）。仁义失效，于是封建国家以兵刑为统治的工具，故"子高曰：昔尧治天下，不赏而民劝，不罚而民畏。今子（指夏禹）赏罚，而民且不仁，德自此衰，刑自此立，后世之乱，自此始矣"（《庄子·天地》）。盖自禹家天下后，"上谋而行货，阻兵而保威，割牲而盟以为信，扬行以说众，杀伐以要利"（《庄子·让王》），用武力和刑罚镇压人民，天下畏之。这就是社会演变的第三阶段。

迄春秋之世，统治者的暴虐更甚，榨取更凶，人民不胜其苦，敢于侮之，起来反抗，并且是采取武装的反抗，如"鲁国多盗"，"晋亦多盗"，"郑国多盗，取人于萑苻之泽"，而盗跖很勇敢地宣布："汤武以来，皆乱之徒也。"这就是说，盗莫大于封建侯王，而敢于称兵反抗封建主的盗跖们乃属义士。这就是封建领主制度濒于崩溃的时代。

总之，老子的社会演变观，实际上是说明中国古代社会是由原始公社的阶段，进入公社解体国家初起的阶段，再进入领主封建社会的阶段，最后是封建领主制度的崩溃。但据《老子》书的原义以观，实只有两个阶段，即原始公社阶段，封建领主阶级统治的国家之兴起及其崩溃的阶段。前一阶段，乃"大道行"的时代，后一阶段，乃"大道废"的时期。可见老子认为道废德衰，以至有昏乱的社会。这样一来，老子遂陷于主观主义，而其解决当时政治混乱的方案是"绝圣弃智，绝仁弃义，绝巧弃利"，亦陷入空想了。因为"绝巧弃利"，并不能使"盗贼无有"，而"绝仁弃义"，也不见得"民复孝慈"。

但是,如果我们不苛责古人,综合《老子》全书的思想体系来看,老子的社会演变观其中实包含合理的内核。据老子的看法,天道至公而无私,损有余而补不足,而太上之世,确是至公无私和互相协作的社会。因为原始公社时代,生产力非常低微,那时候,没有生产资料私有制,自然也就没有剥削,所以那时候是无私的;那时候,通行的是生产资料公有制,凡是社会成员皆能分得生活所需的一部分,所以那时候是至公的。大概在神农、黄帝及尧舜禅让以前,皆处在公而无私的社会。迄氏族公社解体,氏族内部逐渐发生阶级的分化,氏族酋长逐渐窃夺公社的公权转化为个人的私权,窃夺公社的公有财产转化为私有财产,同时人们的自私心、占有欲也大大发展,于是出现了有私的社会,甚至是损人私己的社会,此则老子所谓"人之道损不足以奉有余"。而有私的社会,据传说,是从禹的家天下开始,这确是阶级国家出现的一个标志。所以庄子后来特别攻击夏禹,认为"禹之治天下,使民心变。人有心而兵有顺,杀盗非杀"(《天运》),译成今语是,夏禹窃夺天下为一家的私产,使民心都变成自私自利。人主有自私之心,且谓杀伐为应天顺人,谓镇压人民为当然之理(杀盗非杀),"后世之乱,自此始矣",是皆由于"有私"。总之,"太上之世",是无私的社会,"天下为家",是有私的社会。由此可见,老子以社会有无某一属性(无私与有私)为分标,确能把原始公社的社会和领主封建的社会截然区别开来,而为公确是原始公社的特征,为私确是领主封建制度的特征。试深入体会,这一划分中蕴含着原始公社的生产资料是全民公有,而领主封建制度下的生产资料全为领主的私有,这就不能不肯定其中有合理的因素。其次,老子主张扬弃仁义,排除礼制,绝灭巫祝之学。由此可见,老子并不主张维持西周以来的制度加以改良,乃主张根本推翻领主封建的一切制度和意识形态,重返于素朴的原始公社。以时代而论,又不能不说这种思想是革命的。

任何政治思想或主张,都是某一阶级要求的反映。老子的复归原始公社的思想,显然是反映了农村公社成员的要求。盖自公社解体后,公社成员就占有这些土地,成为自耕农民,然而土地所有权名义上是全属于最高领主——王,而实际是分属于受封的公侯和卿大夫,他们皆有田以处其子孙。土地所有权既属于封建主阶级,因而公社成员逐渐沦于农奴的境地。然而他们不全是奴隶,因为他们在对外争战时是战斗任务的主要负担者,在和平之时是生产劳动的主要负担者。这样的人民,姑名之为自由民。这些自由民在春秋时仍大量存在,姑名之为自由民阶级。这个阶级当然要反对封建主的残酷剥削，要反对封建主无休止的徭役，要反对封建主发动对外战争。而他们所期望的是"耕而食，织而衣"，"上无事则自会富足"，"虽有甲兵无所陈之"。老子的"无为政治"实表达自由民这一阶级的要求和愿望。

有人说，老子的政治思想是反映了没落贵族的思想，我以为不然。因为老子的思想若反映没落的贵族阶级的要求，而没落的阶级是不会自动退出政治舞台的，那就一定要主张恢复贵族的特权。可是老子的主张完全相反，要复归太上无君之世，把天下的共主周天子连根都拔了，其他的小贵族也自然失去存在的根据了。可见谓老子的政治理论是反映没落贵族的思想，妄也。

现在我们依据老子的自然辩证观来叙述老子的政治哲学：第一，是法自然；第二，是反封建；第三，是公社的复归。

第二节　无为而治

老子的无为而治是他的宇宙观和他的社会观的统一。这就是说，老子的无为而治的政治原理是本之于他的"天道自然"观。《老子》书所载，充分证明这点，试引之于下：

道常,无为而无不为。侯王若能守之,万物将自化。(三十七章)

上德无为而无不为,下德为之而有不为。(三十八章)

爱民治国,能无为乎。(十章)

以正治国,以奇用兵,以无事取天下。故圣人云:"我无为而民自化,我好静而民自正,我无事而民自富,我无欲而民自朴。"(五十七章)

为无为,则无不治。(三章)

为无为,事无事,味无味(乐恬淡也)。(六十三章)

圣人处无为之事,行不言之教。(二章)

以辅万物之自然而不敢为。(六十四章)

损之又损,以至于无为。无为而无不为。取天下常以无事,及(若)其有事,不足以取天下。(四十八章)

为者败之,执者失之。是以圣人无为,故无败,无执故无失。(六十四章)

天下之至柔,驰骋天下之至坚。出于无有入于无间。吾是以知无为之有益。不言之教,无为之益,天下希及之。(四十三章)

总起来看，道自然，无为而无不为，至上之德亦无为而无不为，所以顶好的政治也是无为而无不为。现依据上面的引文，予以说明。

大道乃冲和至柔之气，行乎乾健至刚之动，"出于无形，入于无间"，故天地虽大，未离其内，秋毫之末，待之成体，是皆依其内在规律以运行。道固无为于天地万物，而道任天地万物相反相成而自生自化，相因相胜而自存自亡，是则道之无不为也。所以"天无为以之清，地无为以之宁，故两无为相合，万物皆生。万物职职（繁多貌），皆从无为殖"（《庄子·至乐》）。"吾是以知无为之有益。"由此观之，道在万物，任万物依其一定的规律以生，以育，以养，以长，以成，以退，而世界上"万物群生，连属其乡，禽兽成群，草木遂长"，大道何曾以私意加以干涉，而万物皆遂其生，是则"无为之益，天下希及之"矣。

老子把大道顺自然以行而无私的法则应用到政事上，则成"无为之治"。"所谓无为，私志不得入公道，嗜欲不得枉正术，循理而举事，因资而立功，权自然之势，而曲故（巧诈）不得容者"是也。可见无为之第一义是无私。而"所以贵无为无思为虚者，谓其意无所制也。如果故以无为无思为虚，则制于虚矣"（《韩非子·解老》）。可见无为之第二义是无执。所以政治上的无为，就是无私无执，尽随于万物之规矩。故庄子曰："顺物自然，而无容私焉，而天下治矣。"（《庄子·应帝王》）

由此可见，老子的"无为"，并非消极无所作为，而实是积极遵道以行。盖统治者个人的私心亦为乱政的一大原因，试看争夺之行，奢侈之风，烦苛之征，纷扰之政，何一非由于在上者之私心，故必先消除私意，然后乃可复于无为。所以老子认为"爱民治国"，应当不以私情临物，不以私意处事，而应尽随自然的法则，任人民自己去做。盖循理以举事，因势以导物，一任人民之自为，则桑麻不扰，人各安其生，各得其所，故曰，"爱民治国，能无为乎"！

复次，"无为也，则用天下而有余"。盖万物之作，则顺之以观其复，万物之生，则因之以致其成。顺天之时，随地之利，因人之力，则天下各尽其用矣。"是故禹之决渎也，因水以为师；神农之播种也，因苗以为教。"可见，"修道理之数，因天地之自然，则六合不足均也"。故曰，"道常，无为而无不为，侯王若能守之，万物将自化"。

第三，在政治上，要"为无为，事无事"。无为则循理，循理以行，"则无不治"，无事则不扰，不扰则人各安其居，乐其业，故"治大国若烹小鲜"，政简则民安，故老子曰：" 以无事取天下。"

第四，掌握了事物发生、发展的法则，则能预见未来，故在政治上，"为之于未有，治之于未乱"。故不见其为，而事成，不见其治，而功立。准此，"为之于未有"，是固无为也；"治之于未乱"，是固无治也。故曰，"圣人早从事焉"。

最后，在上者遵道以动，放德而行，则人民顺风而化，故不需法律之制裁，而举动自当于理。故曰，"我无为而民自化"。上无征徭赋役之事，则下无劳扰愁苦之人。百姓安居，四民乐业，女功杼轴，男事耕耘，则能丰衣足食，生活富裕。故曰，"我无事而民自富"。由此可看出老子在政治上两个突出的主张：一是让人民自治；二是使人民富裕。盖老子深信自然是好的，人们自然的德性也是好的，人们顺其自然以行动就会是好的，所以只需在上者无为无事，不侵不扰，则人民自治自富矣。

老子在政治上极力主张无为之治和无事之政，因而极力反对"有为"和"有事"的政治。

在这里需解释的，什么是"有为"。据刘安说："用己而背自然，故谓之有为。"可见"有为"是违自然法则而用自私自利之心以行动。什么是"有事"。据《文子》说："人生事，反自贼，各以所好，反自为伤。"可见"有事"是凭武力、凭刑罚、凭权势、凭巧诈以残害人民的政事，如争城夺地、横征暴敛等等。

在老子看来，"一切用己而背自然"的行为和政事，不但不会成功，并且必然遭到失败，故他警告世主道：

> 将欲取天下而为之，吾见其不得已（死）。天下神器，不可为也。为者败之，执者失之。（二十九章）
> 及其有事，不足以取天下。（四十八章）
> 民之难治，以其上之有为，所以难治。（七十五章）

盖老子目睹春秋末期封建领主"贪欲无厌，有如饿狼"，而"人民愁痛，不知死所"。老子痛恨至极，咒骂那些想强夺天下霸为私产来管理的领主，不仅极无道理，并且要不得其死的（实事亦有其例，如楚灵王）。天下者，天下人之天下也，不可由你们来管理它，更不可由你们来霸占它。可以断定：你们一定要失败的，一定要丢掉的。

总之，老子所理想的政治是"无为"，亦即顺自然而无私，老子所反对的政治是"有为"，亦即背自然而用己。庄子曾具体地加以说明："马，蹄可以践霜雪，毛可以御风寒，龁草饮水,翘足而陆,此马之真性也。虽有义台路寝,无所用之。及至伯乐,曰:'我善治马。'烧之剔之,刻之雒之,连之以羁馽,编之以皂栈,马之死者十二三矣;饥之,渴之,驰之,骤之,整之,齐之,前有橛饰之患,而后有鞭筴之威,而马之死者已过半矣……然且世世称之,曰:'伯乐善治马……'此亦治天下者之过也。吾意善治天下者不然。彼民有常性:织而衣,耕而食,是谓同德;一而不党,命曰天放。故至德之世,其行填填,其视颠颠。"(《庄子·马蹄》)

由此观之,老子在政治上高唱还纯返朴,复归自然,其亦见到当时大国榨取小国,富人剥削穷人,强者压迫弱者,凶残横暴,已至其极。此皆自然社会之所无,故借理想的自然,以反衬当时社会政治上一切祸害人民之法律、礼教、仁义等应受抨击,亦即借以反抗当日存在之种种不平等的现象。这和卢梭之高唱"返到自然境域"同其意旨。处在领主封建社会转变到地主封建社会的过渡时期,这种复归自然的思想,是有其积极的意义的。

第三节 反封建

春秋末叶,各阶级间的矛盾错综而复杂,阶级间的斗争激烈而尖锐。试言其著者，则有封建侯国之间的矛盾，统治阶级内部的矛盾，统治阶级与被统治阶级的矛盾。这些矛盾表现为大国并吞小国的侵略战争，公室与私家、私家与私家的斗争（有时兵戎相见），封建主的残酷剥削引起人民反抗的斗争。不论是侯国与侯国间的战争，或公室与私家的内战，受祸最烈的仍是人民，特别是自由农民那一个阶级。因为自由农民在平时则受经济的剥削，在战时则有兵役的灾难。老子是属于士的阶层，接近人民，所以他同情人民，以全力抨击统治阶级的种种弊政。试分述于下：

（一）反对封建的剥削

春秋末期，大小领主们奢侈浪费，财用不足，乃肆行榨取。"民参其力，二入于公，而衣食其一"，庶民罢敝，道殣相望。所以老子揭露贵族们的罪恶，声讨贵族的罪行。他说：

> 天下多忌讳，而民弥贫。（五十七章）

忌讳有三种：一是家国的忌讳，使言谈者失其意。例如名讳，"周人以讳事神，名终将讳之，故以国则废名，以官则废职"（《左传·桓公六年》）。到唐代，还有"父名晋肃，其子不得举进士"的怪论。这种忌讳，主要是名分的禁制。二是阴阳的忌讳，使为事者失其时。例如择日，某日不宜动土，某日不宜建筑，某日不宜出行。这种忌讳，包括所有宗教迷信的禁忌。三是政令的忌讳，使营生者失其业。这种忌讳，则一国的自然资源，如山林泽薮鱼盐之利，尽为封建主所垄断，号为禁区，人民不得侵犯。例如齐国，"山林之木，衡鹿守之；泽之萑蒲，舟鲛守之，薮之薪蒸，虞候守之；海之盐蜃，祈望守之"。这些自然资源本来是公社成员所共有，人民靠它以谋生活，现在封建主尽行霸占，设立政令，视为禁区，犯禁者有罪，人民生活的来源遂告断绝，人民焉得不既贫且困呢！可见忌讳愈多，人民愈贫。

人民的贫困，因由于其上之多忌讳，而人民的饥饿，则由于其上的厚敛。故老子曰：

民之饥，以其上食税之多，是以饥。（七十五章）

据传说，古者授田，定为什一之赋。这表明统治阶级全靠"食税"以生活的。可是春秋之时，赋税逐渐加重，如鲁国宣公十五年，"初税亩"，"农民乃由一重负担而变为两重负担"。其后哀公十二年，"用田赋"，"此制行，而田乃有三重负担矣"。（据梁启超的解释）可见人民的饥饿，确是由于统治阶级的"超经济剥削"——食税太多。

统治阶级横征暴敛，生活当然过得更舒服，可是农民耕耘所获，几尽被赋税所征去，于是民有饥色，而野有饿莩了。人民不胜其苦，遂不惜以生命向统治者作斗争了。故老子曰：

> 民之轻死，以其上求生之厚，是以轻死。（七十五章）

这句话确道出人民不平之气，因为统治者们，肥甘足于口，轻暖足于体，采色足视于目，声音足听于耳，还有园林之乐、田猎之娱。求生厚矣。而人民乃在饥饿线上挣扎，所以轻死。于是老子揭露统治者的罪恶，号之为盗魁，最不道德。故他说：

> 使我介然有知，行于大道，唯施是畏。大道甚夷，而人好径。朝甚除，田甚芜，仓甚虚。服文采，带利剑，厌饮食，财货有余，是谓盗竽，非道也哉。（五十三章）

校释："人"，今王本作"民"，兹从景龙碑本，指人主而言。"盗竽"，今王本作"盗夸"，兹从韩非本，据韩非说,"竽先则钟瑟皆随,大奸作则小盗随",故释为"盗魁"。

这章的大意是:使我略有所知,则行于大道之中,唯恐走入邪路。盖大道本来是很平坦的,而人主们偏好走邪路,闹得政治黑暗,人民穷困。他们好土木之功,多游嬉之乐,把朝阙建得很修除;他们好力役,夺民时,把田野搞得很荒芜;他们好末作,废本业,把仓廪弄得很空虚;他们披着文采的衣服,佩着锋利的宝剑,大吃大喝,"劳民之力而无醉饱之心",巧取豪夺,积聚起大量的财产。你们这些人真是强盗头呵!多么不道德呵!

由此可见,民之贫,民之饥,民之轻死,皆由于统治者之残酷剥削。这些剥削者才是强盗呢!

老子在这里代表自由农民的愿望向封建领主提出最低限度的要求:

> 无狎其所居,无厌其所生。夫唯不厌,是以不厌。
> (七十二章)

这几句话翻成现代语是:"执政权的人,不要逼迫人民不得安居,不要压榨人民不得安生。你能不压迫人民,人民才不厌恶你。"(张默生译)

同时老子又警告这些剥削者,你们是不能持久的,这样榨取而积聚起来的大量财货,只是自掘坟墓。故老子说:

> 揣而锐之,不可长保。金玉满室,莫之能守。(九章)

(二) 反对封建的压迫

由于阶级斗争日趋尖锐,"礼"已不足维持封建制度,贵族们为维持和巩固其统治,不得不借助于刑法,如郑作刑书于前,晋铸刑鼎于后。而其结果是"郑国多盗"。所以老子抨击道:

> 法令滋彰,盗贼多有。(五十七章)

当人民不堪封建主的压迫,蔑视统治者的法律,纷起作武装的反抗,于是封建主乃施行残酷的镇压。如"郑太叔兴徒以攻萑蒲之盗,尽杀之"。封建主的残忍,可想而知。老子对于这样的镇压极为愤恨,斥为"无德",故他说:

> 无德司杀。("杀"原作"彻",现据高亨校改)

这就是说，不道德者才主张杀人呢！

然而封建主的杀人，又假借天意，自认为代表天帝，躬行天罚，杀"天之所恶"者。老子就立刻揭穿他们的欺骗，故他说：

> 天之所恶，孰知其故？（七十三章）是以圣人犹难之。（六十三章）

此言天本无意志，你们这些嗜杀的恶人，怎能知道"天之所恶"呢！于是老子正告他们，这样做是无效的，人民是不怕的。故他说：

> 民不畏死，奈何以死惧之！若使民常畏死，而为奇者，吾得执而杀之，孰敢。（七十四章）

这个真理可以在二千余年后由朱元璋的经验而得到说明。朱元璋说："天下初定，民顽吏弊，虽朝有十人而弃市，暮有百人而仍为之。见本经云：'民不畏死，奈何以死惧之。'朕乃罢极刑而囚役之。不逾年而朕心减恕。"（《明太祖御注道德真经序》）

老子在这里又警告那些嗜杀的封建主,终必自食其果:

> 夫代司杀者杀,是谓代大匠斫。夫代大匠斫者,希有不伤其手者矣。(七十四章)

最后,老子又看到人民反压迫的威力是非常强大的,终必推翻这些嗜杀的混世魔王,故他说:

> 民不畏威,则大威至矣。(七十二章)

这就是说,人民不畏惧杀戮之威,拼着死命起来反抗,那时"大威"就到了。果然,"盗跖从卒九千人,横行天下,侵暴诸侯"。然此犹可说是庄生的寓言。然而数百年后,陈胜、吴广远戍失期依秦法皆当斩,可是他们拼着一死,揭竿起义,天下响应,终亡暴秦,果应老子所言:"大威至矣。"自此之后,农民起义,史不绝书,可见老子之言,确是真理。

(三)反对不平等

在春秋末叶的社会,极少数的封建领主阶级穷奢极欲而有余,而绝大多数人民欲求一饱而不足。例如,在齐国,"公聚朽蠹，而三老冻馁"。在晋国，"庶民罢敝，而宫室滋侈，道殣相望，而女富溢尤"。而封建领主手下的狐群狗党，要索老百姓的财贿，掠夺乡下农民的实物，加上高利贷的盛行，商业资本的扩大，以致富者愈富，贫者愈贫，生活极不平等。所以老子非常愤慨地说：

> 人之道，损不足以奉有余。（七十七章）

这句话是多么沉痛，又多么深刻地道出了阶级社会的本质。奴隶主把奴隶当作牲口（会说话的工具）来使用而有余，封建社会封建主对农奴进行超经济的榨取而有余，资本主义社会的资本家剥削工人的剩余劳动而有余，由此来理解老子所说"有为"之政，都是"人之道"，都是"损不足以奉有余"。因此，老子提出正义的要求，要取消"人之道"（罪恶的制度），而代以"天之道"。故他说：

> 天之道，损有余而补不足。孰能有余以奉天下？唯有道者。（七十七章）

老子这两句话对于劳动人民起了巨大的影响，汉末黄巾起义,以《老子》书为圣经,实有其由来的。统观中国历史,梁山泊以及其他农民起义的大旗上不都有"替天行道,劫富济贫"么?可见起义的英雄们都是"有道者"。

(四)反对不义的战争

大家都知道,"春秋无义战",而其战祸又很惨,诚如韩宣子所说:"兵,民之残也,财用之蠹也,小国之大菑也。"

老子之"道"是"善利万物而不争",那么,战争之事自为有道者所不为;而老子的"三宝"又以"慈"为首,那么,战争自为有道者所反对。而春秋时的战争又是小国的大灾难,老子以"慈"为怀,常思有以救之。所以《老子》书仅八十一章,专谈"兵"的有六章(三十、三十一、四十六、六十七、六十八、六十九章),提及"兵"的有两章(五十七、八十章)。如果考察各章的内容,老子对军事学确有研究,但后人推为兵家之宗,这就未免夸大。

首先,老子是反对战争的,所以他说:

> 夫唯兵者,不祥之器,物或恶之,故有道者不处。而美之者,是乐杀人。夫乐杀人者,则不可得志于天下矣。(三十一章)

战争是一种灾难性的东西,而受祸最深和遇害最烈的,则在一般人民。所以老子沉痛地指出战争的祸害:

> 师之所处,荆棘生焉。大军之后,必有凶年。(三十章)

这就是说,在战争的过程中,军队所驻扎的地方,农民不得耕种,荆棘就生长出来了。而在战争之后,或由于积尸遍野,瘟疫传播开来;或由于土地荒芜,粮食就要缺乏;所以每次战争之后,必继之以凶年。

于是老子分析当时战争的原因,是在封建主的多欲与野心,他们争城以战,杀人盈城,争地以战,杀人盈野。所以老子断定:这种牺牲大多数人民的生命以满足极少数人的私欲的战争,是最无道的。故他说:

> 天下无道,戎马生于郊。罪莫大于多欲,祸莫大于不知足。咎莫憯于欲得。(最后三句,从韩非本引)(四十六章)

韩非解之曰:"人君者无道,则内暴虐其民,而外侵欺其邻国。内暴虐则民产绝，外侵欺则兵数起。民产绝则畜生少，兵数起则士卒尽，畜生少则戎马乏，士卒尽则军危殆。戎马乏则牝马出。"母马入阵，而驹产于战地，故曰，"天下无道，戎马生于郊"。

"天下无道，攻击不休"，或为私怨而战，或为并国而战，或为争霸而战，皆源于人君之多欲，不知足和欲得。故曰，"罪莫大于多欲，祸莫大于不知足。咎莫憯于欲得"。

由此可见，老子基本上是反对战争的。但老子看问题并不是形而上学的，而是自然辩证观的。他固然反对侵略战争，但并不反对自卫战争。因为侵略战争是不道的，"不道早已（死）"，而自卫战争是必要的，故老子曰：

用兵者有言："吾不敢为主而为客，不敢进寸而退尺。"是谓行无行，攘无臂，扔无敌，执无兵。祸莫大于轻敌，轻敌几丧吾宝。故抗兵相加，哀者胜矣。（六十九章）

善有果而已，不敢以取强。（三十章）

夫慈，以战则胜，以守则固。（六十七章）

在老子看来，用兵是不得已的事情，故绝不犯人，但人若犯我，亦敢于还击，故曰，"吾不敢为主而为客"。（古代用兵，攻者为主，守者为客。）进寸是甘为戎首，退尺是消弭战祸，故曰："不敢进寸而退尺。""是谓行无行，攘无臂，扔无敌，执无兵"者，言不战而屈人之兵也。盖用兵以济难而已，亦即自卫而已，并非以兵取强于天下，亦即非以兵侵略邻国，故曰，"善有果而已，不敢以取强"。最后，老子相信用兵的结果，慈者取得胜利，故曰，"夫慈，以战则胜，以守则固"；而"抗（举）兵相加（若），哀者胜矣"，因为哀者必相惜相爱，而不趋利不避害，所以必胜。总之，老子用兵的原则，以慈为主，反对侵略，而此二者实开墨子"兼爱"、"非攻"的先路。

但是，在老子理想的世界是没有战争的，因为这些理想国"虽有甲兵，无所陈之"。

（五）反对封建的礼制

礼是一种仪式，老子为什么反对它呢？因此，首先要弄清"礼"的意义。礼本来是祭神的仪式，《说文》载："礼，履也，所以事神致福也。"礼起于神权，而神权是封建制的基石，君权则建在神权之上。后来一般的仪式亦谓之礼，所以礼的范围几乎包尽人生的一切活动（当然礼只限于封建领主阶级）。例如《春秋》所记：即位、出境、朝、聘、会、盟、生、卒、嫁、娶、田猎、筑城、出兵、行军，都有一定的礼，亦即有一定的法度。最后，"礼"直是封建社会的法制（政治制度与经济制度）。"礼"为封建的政治制度，众所周知，用不着解释。"礼"为经济制度，例如鲁宣公"初税亩"，君子谓之非礼，可见"什一而赋"是制度，也是礼，违反了这一制度就是违反了礼制。由此来理解"大人世及以为礼"这句话，则知礼也是封建的经济制度。盖天子有邦畿之田以处其子孙，诸侯有封国之田以处其子孙，大夫有采邑之田以处其子孙，而土地上的农奴及其子孙则供大人们奴役和剥削，可见"礼"是一种生产关系。总之，礼是封建社会一切制度，封建统治者想永远维持着"礼"，也就是想永远维持着封建制度，遂认为"夫礼，天之经也，地之义也，民之行也"，而封建制度亦万岁、万万岁矣！

但老子的看法恰恰相反，他轻视礼，嘲笑礼："上礼为之而莫之应，则攘臂而扔之。"这就是说，以礼强人，而人不从，则卷起袖口，露出手臂，其势汹汹强引人以就于礼，这岂不是可笑的行动么？

复次，封建领主所认为天经地义之礼，而老子乃断为："夫礼者，忠信之薄，而乱之首。"这当然是一句惊世骇俗的话，受到千百岁后维持礼制者之斥责，但也可看出老子认为礼制是一切祸乱的根源。换言之，则一切剥削、压迫、战争、不平等以及一切祸害、灾难、混乱的根源是封建制度。

最后，老子主张去礼返淳。故他说："是以大丈夫处其厚，不居其薄。故去彼取此。"（三十八章）这表明老子主张去虚伪之礼，返淳厚之俗。打开天窗说亮话，革去压制的不平等的封建社会，而采取自由的平等的原始公社社会。

（六）反对封建的意识形态

在老子看来，封建的制度固应抛弃，就是封建的意识形态，如仁义，如孝慈，如圣智，如巧慧，如学问，如前识，等等，亦应一概抛弃。因为封建的礼制政令是劳动人民行动的绳索，而封建的意识形态是劳动人民精神的枷锁。封建的意识形态是封建主用以毒害和奴役人民的工具，同时也把人民的道德弄坏了，所以老子痛切地指出：

> 大道废，有仁义。智慧出，有大伪。六亲不和，有孝慈。国家昏乱，有忠臣。（十八章）
> 前识者道之华，而愚之始。（三十八章）
> 古之为道者，非以明人，将以娱之。人之难治，以

其知故。以智治国国之贼，不以智治国国之德。知此两者，亦为楷式。常知楷式，是谓玄德。（从遂州龙兴观碑本）（六十五章）

仁义圣智等何以受到排斥呢？因为"说仁邪，是乱于德也。说义邪，是悖于理也。说礼邪，是相于技也。说乐邪？是相于淫也。说圣邪，是相于艺也。说知邪，是相于疵也"（《庄子·在宥》）。据庄子说，仁义圣智等都是乱天下的东西，而天下反尊而敬之，"甚矣天下之惑也"！

何以前识是愚之始呢？因为前识是卜筮、图谶、建除、堪舆、相人之术，统治者要进行欺骗，首先是利用这些宗教式的迷信以愚弄人民，故曰，"前识者，愚之始"。

最后，对六十五章略予解释：善为道者，并非要人聪明，而是使人悦乐，亦即使人甘食美服，安居乐俗。人的难治，以其知巧。例如"弓弩毕弋机变之知多，则鸟乱于上矣。钩饵网罟罾笱之知多，则鱼乱于水矣"。所以用智来治理国家，那就是国家的祸害；不用智来治理国家，那就是国家的盛德。要知道用智治国则国乱，不用智治国则国安，这就是一条法则。掌握了治国之道，就叫作玄德。

以智治国既然是国之贼，所以老子大声疾呼道：

> 绝圣弃智，民利百倍。绝仁弃义，民复孝慈，此三者以为文不足，故令有所属。见素抱朴，少私寡欲，绝学无忧。（十九章）

何以说"绝圣弃智，民利百倍"呢？因为圣智所设想出来的教化、政令、道德等等，不外是巩固统治者的权力和利益，以奴役和掠夺人民。当然，这只对统治者有利，而对人民有害。故绝圣而不为，弃智而不用，夫如是，则大盗（当时的侯王）无所积亦无所守①，而人民却安其居而乐其业。故曰，"绝圣弃智，民利百倍"。

何以说"绝仁弃义，民复孝慈"呢？因为居仁由义，充其量只是"人各亲其亲，子其子"而已。然而"父子责善"，则已失去亲子间自然之爱和纯朴之情，故绝仁弃义，则民复其性，明其德，"故人不独亲其亲，不独子其子"，在这样情况下，亲慈子孝皆出乎自然而无私，才见其真挚恳切的情感。故曰，"绝仁弃义，民复孝慈"。

何以说"绝学无忧"呢？我们曾经指出老子所绝之学，乃卜筮之学、巫祝之学、相人之学以及仪礼之学。一句话，当时

---

① 《庄子·胠箧》说："世俗之所谓至知者，有不为大盗积者乎？所谓至圣者，有不为大盗守者乎？"

的"官学",这些官学不外愚弄人民的迷信和束缚人民的工具,打破了它,就没有什么"忌讳",从而没有什么忧惧了。故曰,"绝学无忧"。

总之,圣智、仁义和官学,此三者是虚伪的文化,不足以治天下。故曰,"此三者以为文不足"。

由此观之,老子为同情人民,乃否定封建的文化,为着人民的利益,却想建立劳动人民的文化。故他说:

> 是以圣人欲不欲,不贵难得之货;学不学,复众人之所过。以辅万物之自然而不敢为。(六十四章)试释其义:时人之所欲者为声色货利,其所不欲者是"淡乎其无味"之道,欲时人之所不欲,则曰:欲不欲;不欲时人之所欲,则曰:"不贵难得之货。"俗士之所学者为官学,其所不学者"道"也,学俗士之所不学,则曰:"学不学";不学俗士之所学,则曰:"复众人之所过。""夫物有常容,因、乘以导之,因、随物之容。则曰,以辅万物之自然而不敢为。"(韩非释)

> 是以圣人去甚、去奢、去泰。(二十九章)

> 是以圣人之治,虚其心,实其腹,弱其志,强其骨。(三章)

由此可见，老子所欲建立的文化是"见素抱朴、少私寡欲、无为而顺自然"的文化，可以说，是从公社农民中来的文化。盖老子观察农民的品质和生活，发现他们是纯一而不杂的（素），是质直而无华的（朴），他们的欲望很简单，能够"实其腹"，就是如天之福，他们生活在公社里，守望相助，出入相扶持，没有什么自私的心理；因此，他们不需奇物，也不贵难得之货，他们不要矫揉造作的仁义，也不要饰智惊愚的官学，只要没有封建主、生意人、高利贷者之剥削与榨取，就能保持着他们的素朴生活。这种生活正合乎老子所说的"朴"，亦即符合于自然的法则。

总而言之，老子的反礼、反战、反剥削、反压迫、反仁义、反对不平等，其要点是反对西周以来的封建制度，而老子欲"素"、欲"朴"、欲"自由"、欲"和平"、欲"公道"、欲"自然"，其要点是对原始公社的憧憬。因而他所提出的政治原理和政治设计，都是根据公社的复归。

第四节　公社的复归

老子的人生观是法自然，老子的政治学亦法自然。人生观的总原理是顺自然而无私，政治学的总原理是"无为而无不为"。老子从这一总原理推出若干条政治原理，其可得而言者有五：

第一条，生而不有。我们已经指出：大道生万物而不占为己有，为万物而不自恃其恩，长万物而不自作主宰，成万物而不自居其功，此则自然的法则。故法自然的政治亦是"生产而不私有，施为而不恃德，领导而不宰制，功成而不自居"。由此可见，自然的政治是共同生产，共同劳动，虽有分工，但不占劳动成果为私有，亦无"劳心者治人"的现象，虽有领导，但无统治阶级，更无"大人世及"的礼制。

首先要指出的，老子之所以提出这条政治原理者，则在反对封建领主的统治。众所周知，自然界的东西，谁也没有权利占为己有，可是当时的王者自命为天之子，认为"普天之下，莫非王土"，把天下的土地尽占为己有，凭他的意志授予诸侯。而当时的诸侯霸占了一国的山林泽薮鱼盐之利，以供其挥霍。至于小领主们也是"不稼不穑，胡取禾三百廛兮！不狩不猎，胡瞻尔庭有县貆兮"！王侯们垄断自然的生产资料，乃更进一步奴役劳动人民。天子认为"率土之滨，莫非王臣"，他自然是天下的主宰。引而申之，公侯自然是一国的主宰，卿大夫自然是一邑的主宰。他们遂狂悖地认为有权宰割、掠夺、奴役其人民。他们在政治上多所作为，实际上是扰害老百姓，还以为恩德。他们在政治上偶有成绩，实际上是窃群众的成果，竟以为己力。若以"道"观之，"非道也哉"！何以？自然生万物而不有，你们这些王侯怎能占领普天之下的土地呢？大道衣养万物而不为主，你们这些王侯怎能把率土之滨的人民当作奴仆呢？自然是功成者退，你们这些王侯凭什么永远把持着政权呢？大道为而不恃，你们这些王侯凭什么高人一等呢？显然非道！而"不道早已"，你们这些王侯终归要失败、绝灭。

同时，这条政治原理推翻了封建统治权的理论根据。本来王侯统治权的根据，是代上帝行使其意志，有统治一切的绝对权能。现在上帝不是至高无上的主宰，因道"在帝之先"。而道是"生而不有"，"长而不宰"，王侯的绝对统治权便失其存在的根据了。

其次，老子提出这条政治原理，可以说是政治哲学中的崇高理想。"老聃曰：明王之治，功盖天下而似不自己，化贷万物而民弗恃，有莫举名，使物自喜"（《庄子·应帝王》）。老子提出这个政治理想，这不能不说是他的伟大，但在有阶级的社会里，这个崇高的政治理想终于是理想而已。

第二条，舍己为人。理想的政治是一切为人民，而不是巩固统治者的权力与利益，那么，从事政治者必须忘我，才能为人。故老子说：

> 贵以身为天下，若可寄天下；爱以身为天下，若可托天下。（十四章）

这就是说，愿用其生命以为天下人，能如此者才可以天下事寄与他；乐献其生命以为天下人，能如此者才可以天下事付托他。由此可见，担当国家的重任者，必须具备舍己为群的思想与品德。故老子说：

> 圣人云：受国之垢，是谓社稷主。受国之不祥，是谓天下王。（七十八章）

春秋时的谚语，就有"川泽纳污，国君含垢，天之道也"的流传，而老子引作"圣人云"，可见《老子》书中的圣人是人民群众中能总结出好的经验之有道者，而不是古代的圣王。现在根据《淮南子·道应训》来说明这两句话的意义。第一句话表明，一个担当国家大任的人，必须负责，要"以得为在民，以失为在己；以正为在民，以枉为在己"（《庄子·则阳》）。第二句表明一个担国家大任的人，要有自我牺牲的精神，在必要时，宁可牺牲自己的生命，不愿意人民受到损害，也不愿意人民的利益受到损害[①],能以身担受国家的灾难,才是天下王。

第三条,公道。老子见到"天之道,利而不害",故曾以"天地相合,以降甘露,民莫之令而自均"来形容天道的均平。但反观社会现象,富者田连阡陌,贫者地无立锥,"朱门酒肉臭,路有冻死骨",真是不平等至极。所以老子主张以天之道来改变这种不平等的现象,使之成为平等的社会。故他说:

> 高者抑之,下者举之,有余者损之,不足者补之。(七十七章)
>
> 执大象,天下往,往而不害,"安""平""泰"。(三十五章)

无名氏解释说:"以道御天下,必有德以为政,以仁为化。知厚赋以伤人之财,我则薄赋以裕之。知重役以疲人之

[①] 宋景公之时,荧惑在心,景公将当其祸。司星子韦以为他有法术,此祸"可移于民,公曰:'民死,寡人谁为君者乎?'宁独死耳。子韦曰:'可移于岁。'公曰:'岁,民之命,岁饥,民必死矣。为人君而欲杀其民以自活也,其谁以我为君者乎?是寡人之命固已尽矣,子无复言。'"

第五章 老子的政治哲学 / 213

力，我则轻徭以宽之。赏将劝善，我则重之以赐。罚将去恶，我亦省之而恤。如此则往者又有何害也。"（《道德真经解》）这样的解释确胜于其他诸家，但未能真正地表现出老子的政治思想。以我的体会，这章是说：以道莅天下，必遵自然法则以为政，无赋税，无徭役，无刑赏，天下人皆将归往焉。人民归往，不仅不遭害，并且安宁、平等、富裕，过着自由自在的生活，这才是天公地道呢！

第四条，民本。存在决定意识，政治思想是社会存在的反映。老子的政治思想，很难以欧洲的民主主义加在他的头上，因为古中国没有雅典那样的民主政治。但可以肯定，老子的政治思想是以人民为本的，故他说：

> 贵以贱为本，高以下为基。（三十章）

据老子看来，道是天、地、神、谷和万物的本原，人民是王侯的本原。一般人只看见天之清，地之宁，神之灵，谷之盈，万物之生，没有看见它们所以存在的本原。殊不知天、地、神、谷、万物若没有了本原，则天将裂，地将废，神将歇，谷将竭，万物将灭。同理，一般人只看见王侯之高且贵，没有看见王侯所以存在的本原。殊不知王侯没有了本原，则王侯将恐蹶，所谓"不有民，何有君"者是也。由此可见，一国之本不在君，而在民。如果没有人民的支持，王侯就必然垮台，哪里还有他们的高贵呢？因此，老子否定王侯是人民的主宰，故他说：

> 大道汜兮，其可左右，……衣养万物而不为主，常无欲，可名于小；万物归焉而不为主，可名为大。以其终不自为大，故能成其大。（三十四章）

在老子看来，理想的政治，应如道之生化万物，任万民自为，绝不为主，而万民自化，竟不知有主，这种理想的政治家，看来却是渺小，反而成其伟大。因此，老子认为法道的政治家之莅临天下，并不是由"天"所立，而是由人民"乐推"出来的。故他说：

> 江海所以能为百谷王者，以其善下之，故能为百谷王。是以欲上民，必以言下之；欲先民，必以身后之。是以圣人处上而民不重，处前而民不害，是以天下乐推而不厌。（六十六章）

这章的大意是：江海之所以能为百谷之王者，则在江海处下，故众流交归而为之王。所以圣人欲崇尚人，故以言下之，欲推先人，故以身后之。所以圣人虽处上，但没有给人以任何负担，故人民不觉累。圣人虽处前，但"善利万物而不争"，故人民不受害。人民既不觉累，复不受害，是以天下乐推而不厌。

法道的政治家不是上帝派到人间来管理人的，而是由人民乐推出来的，所以老子主张法道的政治家只按照人民的意见办事。故他说：

> 圣人无常心，以百姓心为心。善者吾善之，不善者吾亦善之，德（得）善。信者吾信之，不信者吾亦信之，德（得）信。圣人在天下，歙歙焉，为天下浑其心。百姓皆注其耳目，圣人皆孩之。（四十九章）校："百姓皆注其耳目"，今王本无，原王本有，今据增。

这就是说：圣人治天下，没有自己的私见，以老百姓的意见为意见，以老百姓的要求为要求。老百姓之所好者好之，老百姓之所恶者恶之，所以他办起事来，总是按照人民的意见。因此，圣人尊重人民的意见，虚心接纳；好的意见，当然接受，就是不好的意见，亦虚心倾听，使下情尽得上达，"得善"；正确的意见，当然接受，就是不正确的意见，亦虚心倾听，则下无隐情，而"民之情伪尽知之矣"，"得信"。要知道天下人的想法不必同，如果反映出来的意见不敢异，那就没有人肯说话了，甚矣为害之大也。所以圣人治天下，汲汲焉，不拿出自己的意见来为天下浑其心焉，使得老百姓各自就耳之所闻的，目之所见的，尽情地毫无顾忌地倾露出来，圣人皆虚怀接纳，以慈爱之心处之，俾人民知无不言，言无不尽，而在上者亦可获得各方的、全面的意见，择善而从，便能把公众的事业办得更好。

这样的一些政治思想，就是老子的民本主义。

第五条，人尽其才，物尽其用。在老子看来，所有的人和所有的物，都各有其德，各有其能，各有其作用，所以天下没有废人，也没有废物，必须善为利用，顺其自性把它积极发挥出来。故他说：

人之不善，何弃之有。（六十二章）

圣人常善救人，故无弃人；常善救物，故无弃物。（二十七章）

在老子看来，自然的东西都是好的，人的本性也是好的。那么"人之不善"，就应归咎于封建统治者使人民不得遂其生，不得尽其性。而况封建统治者所认为不好的人，也许是很好的人。所以说："人之不善，何弃之有？"

圣人以上善治天下，当然没有压迫，也就没有剥削，没有机谋，也就没诈伪，这样就使人能遂其生，含其德。人遂其生，含其德，然后人之身心皆得到培养。人之身心得到培养，则能发展其个性，发展其能力，夫如是，则任何人都可发挥其才华以为用于社会，哪里有废人呢？而况人各有所长，各有所短，用其所长，舍其所短。人有老有少，少有少的用处，老有老的用处，譬如"家中有一老，就是一个宝"。只需善加利用，则无弃人。故曰，"圣人常善救人，故无弃人"。

世无废人，亦无废物。因为"物有常容，因、乘以导之，因、随物之容"，这就是说，因其自然，乘势利导，随物之能，以获其用。例如，"因高以为田，因下以为池"，用万物之能而获其利，哪里有废物呢？故曰，"圣人常善救物，故无弃物"。

据我看，这条原理，有其现实的意义。建设社会主义，要把一切可能利用的力量都积极发动出来，一切抛弃的废物都要设法加以利用。

由此可见，为国之道则在人尽其才，物尽其用，夫如是，则无不治矣。

综而观之，这五条政治原理，并不全是老子想出来的，而是有其社会根源的。第一条政治原理，则反映原始公社所有成员共同生产而不占为私有，虽有氏族长管理公社事务而无统治的侯王。第二条政治原理，则反映氏族领袖之英勇能干，不怕危险，敢于自我牺牲以保护公社的成员和利益。第三条政治原理，则反映原始公社时的人群，共同生产，共同消费，老弱残疾都有一份。第四条政治原理，则反映原始公社之时，人人平等，氏族的首长是公社成员所爱戴而乐推出来的，他自然按照成员的公意办事。第五条政治原理，则反映原始公社，所有成员尽属一体，各有其用，那时的生产力非常贫弱，能够吃的都吃下肚，故无弃物。可见老子的政治思想基本是原始公社的复归，当然其中有理想成分，也不是简简单单的复归。

政治有其"道"，亦有其"术"，进而述老子的治术。

所谓"道"，即原理，亦即学问；所谓"术"，即应用，亦即方术。道与术虽有分，然实密切联系，把原理应用于实践就是方术。所以道与术固相通，而治国之道与治国之术亦一致。老子的治术和他的政治原理，当然也不例外。

老子在其书的第一章，阐明常道的本质，在其书的第二章，则依据常道而提出"无为"的政治原理，而在其书的第三章，则依据这一政治原理提出他的治术，可见其间固一脉相承也。老子在第三章说：

> 不尚贤，使民不争。不贵〔难得之〕货，使民不〔为〕盗。不见可欲，使民〔心〕不乱。是以圣人之治：虚其心，实其腹；弱其志，强其骨；常使民无知无欲，使夫智者不敢为也。（括号中的字，有的本没有，故可据之以删）

老子的治术有六项，这章提出了三点。

一曰不矜。所谓"不尚贤"者，则不自矜贤，本经七十七章之"以其不欲见贤"，亦此义也。如果在上者不务德而争善，不循道而矜贤，则必起天下之争。"汝惟不矜，天下莫与汝争能"，古有明训。老子在这里也许重复古人的教训，也许针对当时封建主的好大喜功而发此论。因为封建主为满足其功名心，不惜制造事端，闹得人民不宁，国家疲敝，故老子提出"不尚贤，使民不争"。

二曰不贪。所谓"不贵货"者，则不贪财好货。"唯利是视"，这是当时的风气。例如，"季氏富于周公，而求也为之聚敛而附益之"。所以当"季康子患盗，问于孔子。孔子对曰：苟子之不欲（贪）虽赏之不窃"（引文皆见《论语》）。老子之"不贵货，使民不盗"，亦同此旨。

三曰不欲。人主多欲是祸乱之源。例如，见宫室之美可欲，则必大兴土木，而人民疲于徭役矣。见邻国土地之可欲，则必发动战争，而人民死于战役矣。可见人主一多欲，人民就一定受到扰乱。所以老子曾愤恨地说："罪莫大于多欲。"如果在上者不见有什么可欲的，则政简而民不扰矣。故曰，"不见可欲，则民不乱"。

由此观之，不矜、不贪、不欲是三个治国方术。上不矜，则民心虚；上不贪，则民志弱；上不见可欲，则"使夫智者不敢为"。上与下同德，则不争、不窃、不乱，国泰民安，大家都吃得饱饱的，身体发达，骨格坚强。此则"圣人之治（术）"也。

四曰清静。这是老子以"相反为用"作为治术。盖当时的政治现象动乱多，他却守之以静，相反相成，则得其正矣。故老子曰：

躁胜寒，静胜热，清静为天下正。（四十五章）
我好静而民自正。（五十七章）

不欲以静，天下将自定。（三十七章）

以物理来看，阳之躁胜阴之寒，阴之静胜阳之热，相反而相为用。推之于政理，时君方多事而有为，故纠之以清静无为，相反相成，故能为天下正。在老子看来，从事政治不可烦扰，所以要用清静的方法，保持政治上的稳定，才能使各种事业自然发展，而得到一定的成效。老子曾以"治大国若烹小鲜"来说明这个道理。"盖事大众而数摇之则少成功，藏大器而数徙之则多败伤，烹小鲜而数挠之则贼其泽。"（《韩非子·解老》）所以治国者贵清静，清静则不扰，不扰则民安，安定则民自正。但何以能静，那就需要在上者之不欲。

其次，从事政治，切忌"轻""躁"，而贵"重""静"。盖轻则多轻举，躁则易妄动，轻举妄动，鲜不败事。所以善为政者，必持重和宁静，持重则不轻举，而计出万全，宁静则不躁进，而足以致远。故老子曰：

重为轻根，静为躁君，是以圣人终日行，不离辎重。轻则失根，躁则失君。（二十六章）

五曰节俭。俭是老子三宝之一，用之于修身，用之于治家,亦用之于治国。以俭修身,则适动静之节,省思虑之费,而精神盛。以俭持家,则节用其财,省无益之费,而家室富。以俭治国,则不浪用人民的劳力,不浪费人民的财富。不浪用人之力则庶民众,不浪费人之财则万家富,人民既庶且富,则国治矣。故老子曰:"我无事而民自富。"

六曰宽而勿察。老子为政,主张宽大,反对苛察。故他说:

> 其政闷闷,其民淳淳;其政察察,其民缺缺。是以圣人方而不割,廉而不刿,直而不肆,光而不耀。(五十八章)

老子反对察察以为明的政治。但什么是"其政察察"呢?据《淮南子·道应训》的解释:"其为政也,以苛为察,以切为明,以刻下为忠,以计多为功。譬之,犹廓革者也。廓之大则大矣,裂之道也。"这样苛切刻下的政治,搞得民不聊生,以致民生凋敝、民德浇漓。为政苛刻,可暂见效,然终必自食其恶果的,裂之道也。

所谓"其政闷闷",则浑浑然以宽大包容为政。所谓"其民淳淳",则民皆乐其生而遂其性,故淳淳然归于朴厚。是以圣人之治,方正而不截割,廉棱而不刿伤,质直而不放肆,光明而不炫耀，此所谓闷闷之政，为而不害，故天下交归焉。

由此可见，老子的治术，非常简单，只是不矜，不贪，不欲，清静，节俭而浑厚。夫唯不矜，则无争竞，不贪，则无聚敛，不欲，则无纷扰，而清静则民安宁，节俭则民富裕，浑朴则民德归厚。一言以蔽之，在政治上，只需在上者少私寡欲，则天下归淳返朴矣。这样的治术，在西汉初，曹参推行于前，汉文继之于后，大见成效，后世称为"文景之治"。看来，老子诚中国古代伟大的政治理论家。

至于处理当时实际政治的方术，老子也曾谈到。一是战术，已见上述；一是外交术，其言曰：

"大国者下流，天下之交。天下之牝，牝常以静胜牡，以静为下。故大国以下小国，则取小国；小国以下大国，则取大国。故或下以取，或下而取。大国不过欲兼畜人，小国不过欲入事人。夫两者各得其所欲，大者宜为下。"（六十一章）校：自"大国者"起至"故为下也"止，皆从范应元本。

这章之首以两个比喻说明大小国家间相处之术。"居下流"以喻大国非在人之下，而能处下，则众小国交会于大国，犹众水皆趋于下流。"牝胜牡"以喻小国素在人之下，而能处下者，言小国以柔下来制约大国，犹牝常以静胜牡之动。故外交上，以大国下小国，则能取得小国的归附；以小国下大国，则能取得大国的收容。故或处下以取小国，或柔下而取大国。大国下小国者，不过想蓄聚小国以壮大自己罢了，小国下大国者，不过想入事大国以取得保护罢了。两者皆能下，则大小各得其欲了。然小国素在人下，不患不能下；大国非在人下，或恐其不能下，故曰，"大者宜为下"。

老子在这章所谈的外交术，只是就春秋时盟主国（如晋楚）与加盟国（如鲁卫陈蔡）相处，如何才能制胜而言。但"大者宜为下"这句话，可"古为今用"。盖大国常易犯的错误，则对其四邻的小国常取大国沙文主义，引起四邻的怨恨，故大国应该下小国，则四邻小国无不拥戴了。

谈到这里，顺便指出老子的治术并非人主的权势。

有人说，老子的治术，是人君的统治术，其所根据，则在下面两句话：

鱼不可脱于渊，国之利器不可以示人。（三十六章）

据河上公说："利器者，谓权道也。治国权者不可以示执事之臣也。"准此，"利器"是人君的主权。据韩非的解释："势重者，人君之渊也，失之不可复得，而邦亡身死。赏罚者，邦之利器，在君则制臣，在臣则胜君。"准此，则这两句话是说明人主的势与权，必须独操，不可假借于臣下。据我看，这是韩非以法家之言来解释《老子》，恐失老子的原意，这是有庄子之言可以做证的：

> 仁义圣智，权衡符玺，此重利大盗，而使不可禁者，是乃圣人之过也。故曰，"鱼不可脱于渊，国之利器不可以示人"，彼圣人者，天下之利器也，非所以明天下也。故绝圣弃知，大盗乃止。（《庄子·胠箧》）

照我们的看法，庄子的说明是对的，因为庄子的说明和老子之反对封建制度和复归原始公社的政治思想体系是相一致的。

第五节　述评老子的理想国

老子既有一套政治原理和一套政治方术，怎样实现？在何处去实现呢？于是老子设想一种理想的国家，恰当点说，理想的社会：

> 小国寡民，使民有什伯之器而不用，使民重死而不远徙；虽有舟车，无所乘之，虽有甲兵，无所陈之，使民复结绳而用之。至治之极，民各甘其食，美其服，安其居，乐其俗，邻国相望，鸡犬之声相闻，民至老死不相往来。（八十章）

校注：引文有＋者皆据傅本增，《史记·货殖列传》引作"至治之极，邻国相望，鸡狗之声相闻。民各甘其食，美其服，安其俗，乐其业，人至老死不相往来"较合乎逻辑的顺序。"什伯之器"，奚侗解作"人家常用之器"，盖农业生产工具也；"而不用"者，言农业生产工具不被征用，故不夺农时也。"使民重死而不远徙"者，言使民爱养其生，而政令不烦，故不远迁也。

试就这样的小国加以分析，则见这样的国家是富裕的，因为人民有舟车，有什伯之器，而且鸡犬之声相闻。这样的国家是没有等级的，当然也没有统治者，因为那时候"族与万物并，恶乎知君子小人哉"？（《庄子·马蹄》）既不知君子与小人之别，可见其间无等级，亦无统治。这样的国家是没有剥削的。因为小农经济总不免贫困，但这个国家的人民吃得饱，穿得暖，一定没有赋税徭役，人民才能过这样好的生活。这样的国家是和平相处各不相扰的,因为它们虽有甲兵,无所陈之,可见其间没有战争;它们虽有舟车,无所乘之,而且老死不相往来,可见是各不相扰的。这样的国家是没有仁义忠孝礼智信那套封建道德的,因为人们安其业,乐其俗,"端正而不知以为义,相爱而不知以为仁,实而不知以为忠,当而不知以为信,蠢动而相使不以为赐"(《庄子·天地》)。这样的国家是极小而又极多的,因为至治之世,这国可望见那国,连鸡犬之声都可相闻,可见这些国家只是自治的村落而已。这种在经济上自足、在政治上自治的村落,星罗棋布于中国,虽有封建的王侯将相亦将无所用之。很显然,老子是想以这种自足自治的村落来代替那种极不合理的封建国家。

老子所理想的国家是不是原始的野蛮社会呢?不是的。因为这样的国家有舟车,有甲兵,有什伯之器,有桑麻之用以美其服,有田畴之利以甘其食,人人都安其居,乐其业,自然不是"昼拾橡栗,暮栖木上"的有巢氏之世,也不是"不知衣服,夏多积薪,冬则炀之"的知生之时代。由此观之,老子的理想国相当于卢梭所理想的"自然领域"那个少年时代的社会。这个社会已离野蛮之境,而入文明初启之域,仍保存朴质惇厚之风,人各自食其力,过着和平的生活。

老子所理想的国家是不是完全出自主观的空想呢?不是

的。盖老子一方面见到当时华北平原,地面广阔,人口稀少,土质肥沃,物产丰富,人民大都从事农业,耕而食,织而衣,只要没有封建主、生意人、高利贷者的榨取与剥削,就可安居乐业;另一方面这种自足自给而自治的村落,实是原始公社在老子头脑里的反映,表达了当时自由农民这一阶层的要求与愿望。由此可见,老子的理想国是有其客观的根据,并且是农民意识的反映。

现在有一个问题,则自由农民这一阶层是否没落了?据我看,没有,只是改变了形态。盖自封建领主经济转变为封建地主经济,也就出现了自耕农这一阶层。可以说公社成员就是后世自耕农的前身。我们知道,自耕农这一阶层在历史上不但没有没落,而且在农村中占有相当大的比例,一直到土地改革之时。据此以推,老子的政治思想并不是代表没落的公社农民,而是代表新起的自耕农,主张他们的权利,乃借助于公社的形式,以反对封建领主的剥削。老子代表自耕农所要求的权利,连主张维持封建制度的儒家都不得不承认,故孟子说:

"五亩之宅,树之以桑,五十者可以衣帛矣。鸡豚狗彘之畜,无失其时,七十者可以食肉矣。百亩之田,勿夺其时,数口之家可以无饥矣。""死徙无出乡,乡

里同井,出入相友,守望相助,疾病相扶持,则百姓亲睦。"(《孟子·梁惠王上》及《滕文公上》)

荀子也说:

> 家五亩宅,百亩田,务其业,而勿夺其时,所以富之也。(《荀子·大略》)

老子与儒家的主张虽相同,然代表的阶级则大异。儒家代表封建主阶级的利益,大谈其"无君子莫治野人,无野人莫养君子,请野九一而助,国中什一使自赋"(《孟子·滕文公上》),并要"设为庠序之教,申之以孝悌之义"(《孟子·梁惠王上》)。但在老子的"小国寡民"中根本没有这一套。何以见得?因为老子主张"复结绳而用之";夫结绳时代还没有阶级,自然没有国家的组织,必然没有"劳心者治人,劳力者治于人"的现象。夫如是,劳力者自不必拿出自己劳动的成果去供养君子。很显然,这是代表自耕农这一阶层而说的话。

老子的"小国寡民"的思想是不是保守的、复古的、反动的、反历史的?这值得讨论一下。

首先须指出：古人有"变化的观念"，有"发展的观念"，但没有"进步的观念"（即现在比过去好、将来比现在好的观念）。进步的观念，在欧洲是18世纪启蒙运动中才出现，在中国是随着资产阶级哲学的输入以俱来，古中国是找不出"进步的观念"的。老子很不满"损不足以奉有余"的封建社会，要建立"损有余而补不足"的公道社会，但老子生在古代当然没有"进步的观念"，因而也想不出一个共产主义的未来社会。不过他有自发的辩证法，他看出原来是个正的社会——原始公社，演变为反的社会——封建国家，依据老子的自然辩证观，剥极必复，而复又必返到正的社会——原始公社，即他所认为合乎自然之道的世界。由此可以断定：老子的政治思想并不保守，更不是没落贵族的留恋过去。

老子的"公社复归"的思想，从表面看，好像是复古运动，但实质不是复古的，而是激进的政治思想。试把它和儒墨两家的政治思想作一比较，就可得到证明。儒家的政治主张复古，孔子少时常梦见周公，这表明他一心一意想恢复周公所定的礼；就是荀子的"法后王"，实际也是"法周公"而已。所以儒家的复古是保守的，因为他们要恢复周公的礼制，实质是维持西周以来的封建制度。而墨子则"背周道而用夏政"，表面上是更复古、更保守，而实质是反对周之封建制，建立确保私有财产制和用人唯贤的初期国家。所以墨子的政治思想是激进的。至于《老子》书根本不提一个古代圣王（尧、舜、禹、汤、文、武），因为这些圣王都是私有制已成立，阶级已出现，国家已发生的产物，不值得效法，所以老子的政治是法自然。自然的社会固没有私产、阶级和国家，因而原始公社的旧影在老子头脑中出现了。从表面看，老子的政治思想是最复古的，复到最古的政治形式——公社，但透过现象而找它的本质，则老子的复古是根本否定周公的礼制（不平等的制度），而建立平等的社会（丰衣足食、安居乐业、自给自治、人人平等）。准此，老子的复古（公社的复归），在当时的政治派别来说，是最激进的政治思想，并非保守派的复古思想。

有人说，历史是进化的，而老子竟欲返到太上之世，无君而治。所以这种"小国寡民"的思想是反动的、反历史的。我以为不然。一种政治思想是否反动，是否反历史，首先要看它代表什么样的阶级说话，其次要看它有无进步的因素（即有无推动历史前进的作用）。老子的政治思想，反对日趋没落的封建领主阶级的残酷剥削与压迫，主张自耕农这一阶层有"自富"和"自治"的权利，显然是为农民的利益说话的，所以它不是反动的，不能说老子的政治思想是反历史的。

综观老子的政治原理，具有民主的和社会主义的意味。所谓民主的意味者，则以老子所理想的天下执政者，不是世袭的王侯卿大夫，而是由人民推选出来的有道者（天下乐推而不厌）；被选出来的执政者没有自身的私利，以人民的意见为意见，以人民的要求为要求（圣人无常心，以百姓心为心）。试把老子的话和儒墨两家的主张加以比较，则更显然。孔子说"民可使由之，不可使知之"；墨子说，"上之所是，必皆是之，上之所非，必皆非之"；荀子论民之从君亦说"同焉者是，异焉者非"；是皆以一人的意见驾凌万民之上，推而行之，人民不得违抗，显然都是君主专制的思想。而老子则说："善者吾善之，不善者吾亦善之，德（得）善矣。"可见老子的政治是由人民的，并非出自君主的专断、强令、威迫。比较之下，不能不说老子的政治思想是有民主的意味。复次，老子反对损不足的人民以奉有余的君主，主张"有余者损之，不足者补之"，主张"生产而不占有，功成而不把持"。这就不能不说老子的政治思想有社会主义的意味。

我们现在用《老子》的结语来结束老子的人生哲学和政治哲学：

> 圣人不积，既以为人己愈有，既以与人己愈多。天之道利而不害；圣人之道为而不争。（八十一章）

这就是说,圣人无私,故无藏。有善尽以为人,则己所得之善斯愈有;有利尽与人,则己所获之利斯愈多。此则大公为怀,以人之善为己之善,以人之利为己之利,故尽以为人而己愈有,尽以与人而己愈多也。"老聃则至公矣"(《吕氏春秋·贵公》),古人早有定论。天之道,生万物,成万物,然而它不占有万物,不宰制万物,故曰,"天之道利而不害"。圣人法道,有施于民,无争于民,故曰,"圣人之道为而不争"。

总括老子全部哲学的成就而言之,从他的自然辩证观而论,"古代哲学家中老子确是杰出的无与伦比的伟大哲学家"(范文澜说),即以他的政治哲学而言,古代哲学家中老子也确是杰出的无与伦比的伟大哲学家。

附录　参考书目

据天师张与材在元朝大德乙巳年（1305年）序杜道坚《道德经原旨》里说："《道德》八十一章，注者三千余家。"自元至今，七百余岁，重注《老子》和论述老子的哲学者，为数当大为可观。这个书目，只就我个人所曾阅读者为限。

（Ⅰ）《老子》本及注

河上本　　《道德真经》（两卷）

傅奕本　　《道德真经古本》（两卷）

明太祖　　《御注道德真经》（两卷）

唐玄宗　　《御注道德真经》（四卷）

唐玄宗　　《御制道德真经疏》（十卷）

唐玄宗　　《御制道德真经疏》（四卷）

　　　　　　附《道德真经疏外传》，标明注者六十余家，有
　　　　　　参考价值。

宋徽宗　《御解道德真经》（四卷）

章　安　《宋徽宗道德真经解义》（十卷）

河上公章句　《道德真经注》（四卷）

陈象古　《道德真经解》（两卷）

寇才质　《道德真经四子古道集解》（十卷）

　　　　收集《庄子》《列子》《文子》《关尹子》原文
　　　　以解《老子》。

陆希声　《道德真经传》（四卷）

吕惠卿　《道德真经传》（四卷）

邓　锜　《道德真经三解》（四卷）

邵若愚　《道德真经直解》（四卷）

司马光　《道德真经论》（四卷）

王　弼　《道德真经注》

苏　辙　《道德真经注》（四卷）

李　约　《道德真经新注》

严君平　《道德真经指归》（十三卷，现存卷七至卷十三）

江　澄　《道德真经疏义》（十四卷）

赵学士　《道德真经集解》（四卷）

时　雍　《道德真经全解》（两卷）

无名氏　《道德真经次解》（两卷）

张嗣成　《道德真经章句训颂》（一卷）

李道纯　《道德会元》（两卷）

无名氏　《道德真经解》（三卷）

林希逸　《道德真经口义》（四卷）

杜道坚　《道德玄经原旨》（四卷）

杜道坚　《玄经原旨发挥》（两卷）

吴　澄　《道德真经注》（四卷）

董思靖　《道德真经集解》

王　雱　《道德真经集注》（十卷）

　　　　（集河上公、唐玄宗、王弼注）

彭　耜　《道德真经集注》（十八卷）

　　　　（集宋徽宗、司马光、王安石、苏辙、王雱、陆佃、刘槩、刘泾、曹道冲、达真子、李文恕、陈象古、叶梦得、刘骥、朱熹、黄茂材、程大昌、林东、邵若愚注）

彭　耜　《道德真经集注释文》

彭　耜　《道德真经集注杂说》

顾　欢　《道德真经注疏》（八卷）

（所集多属六朝注家）

强思齐　《道德真经玄德纂疏》（十卷）

危大有　《道德真经集义》（十卷）

（河上公、吕知常、何心山、李道纯、刘师立、倪思、林希逸、苏辙、董思静、晁迥、柴元皋、吴澄等注）

王　真　《道德真经论兵要义述》（四卷）

陈景元　《道德真经藏室纂微篇》（十卷）

薛致玄　《道德真经藏室纂微开题科文疏》（一卷）

薛致玄　《道德真经藏室纂微手抄》（上、下卷，上卷原缺）

王守正　《道德真经衍义手抄》（二十卷，一卷原缺）

赵志坚　《道德真经疏义》（六卷，前三卷原缺）

息斋道人　《道德真经义解》（四卷）

李　荣　《道德真经注》（四卷）

刘惟永　《道德真经集义大旨》（三卷）

刘惟永　《道德真经集义》（为文三十一卷，集注七十有八氏，但只见十七卷）

杜光庭　《道德真经广圣义》（五十卷）

以上书目，皆据涵芬楼影印正统道藏本，次序皆依原书排列。

马王堆汉墓帛书　《老子》甲本（文物出版社）

马王堆汉墓帛书　《老子》乙本（文物出版社）

焦　竑　《老子翼》（金陵丛书）

王夫子　《老子衍》（中华书局）

姚　鼐　《老子章义》

释德清　《老子道德经解》

奚　侗　《老子集解》

魏　源　《老子本义》

马叙伦　《老子核诂》

蒋锡昌　《老子校诂》

杨树达　《老子古义》

高　亨　《老子正诂》

胡渊如　《老子述义》

陈　柱　《老子》

余祖言　《道德经通释》

张默生　《老子章句新释》

严　复　《评点老子王氏注》

（Ⅱ）有关"老学"的论著

车　载　《论老子》（上海人民出版社）
杨兴顺　《中国古代哲学家老子及其学说》（科学出版社）
胡哲敷　《老庄哲学》（中华书局）
陈　柱　《老子与庄子》（商务印书馆）
李泰棻　《老庄研究》（人民出版社）
《哲学研究》编辑部编　《老子哲学讨论集》（中华书局）
胡　适　《中国哲学史大纲》之《老子》
梁启超　《梁任公近著》第一辑之《老子的哲学》
李石岑　《哲学十讲》之《道家的宇宙观》
冯友兰　《中国哲学史》第一版之《老子及道家中的老学》
范寿康　《中国哲学史通论》之《道家》
陈清泉　《诸子百家考》之《孔老二派之思想冲突》
陈元德　《中国古代哲学史》之《老子》
黄子通　《儒道两家哲学系统》之《老子哲学》
汤用彤　《魏晋玄学讨论稿》
郭沫若　《青铜时代》之《先秦天道观之进展》
郭沫若　《十批判书》之《稷下黄老学派的批判》

侯外庐　《中国思想通史》第一卷之《老子思想》

吕振羽　《中国政治思想史》之《老聃的复古主义》

范文澜　《中国通史简编》第一卷之《老子与庄周》

洪潜　等　《哲学简编》第十一章之《战国时代唯物主义哲学的形成及其反对宗教神秘论和唯心主义的斗争》

杨荣国　《中国古代思想史》第七章之《老子》书的思想

任继愈　《中国哲学史》第一册之《老子的唯物主义体系和朴素的辩证法思想》附录一《老子的唯心主义哲学和朴素辩证法思想》

汪奠基　《中国逻辑思想史》第四章之《老子朴素辩证的逻辑思想》

杨荣国　《简明中国哲学史》

任继愈　《中国哲学史简编》

张岂之　《中国哲学史》

跋

谨以此书的重版纪念父亲詹剑峰先生诞辰一百二十周年、纪念母亲查景云先生。

纪念父亲的三位好友、留法同学,台湾图书馆原馆长吴克刚先生,作家巴金先生,人类学家、研究员卫惠林先生。

纪念父亲在上海中国公学的国文老师、教育家沈仲九先生,国文老师、文学家朱自清先生,数学老师、五四运动学生领袖匡互生先生,世界语老师、三联书店创始人胡愈之先生,英文老师、美学家朱光潜先生。

纪念留法拉封丹公学(College Jean de La Fontaine)学长、原中国外交部长陈毅先生,留法同学、原最高人民法院院长杨秀峰先生,留法同学、原中国人民大学校长成仿吾先生,留法同学、早逝的章伯韬先生。

感谢原湖北美术出版社总编辑,画家贺飞白先生同意在这本书中继续使用他的大作。感谢中山大学邓联合先生为本书撰写导读。

尤其感谢山西大学马克思主义学院院长任定成先生，因他的推荐使此书得以重版。

詹季虞于美国华盛顿郊区

国家新闻出版广电总局
首届向全国推荐中华优秀传统文化普及图书

大家小书书目

国学救亡讲演录	章太炎 著	蒙木 编
门外文谈	鲁迅 著	
经典常谈	朱自清 著	
语言与文化	罗常培 著	
习坎庸言校正	罗庸 著	杜志勇 校注
鸭池十讲(增订本)	罗庸 著	杜志勇 编订
古代汉语常识	王力 著	
国学概论新编	谭正璧 编著	
文言尺牍入门	谭正璧 著	
日用交谊尺牍	谭正璧 著	
敦煌学概论	姜亮夫 著	
训诂简论	陆宗达 著	
金石丛话	施蛰存 著	
常识	周有光 著	叶芳 编
文言津逮	张中行 著	
经学常谈	屈守元 著	
国学讲演录	程应镠 著	
英语学习	李赋宁 著	
中国字典史略	刘叶秋 著	
语文修养	刘叶秋 著	
笔祸史谈丛	黄裳 著	
古典目录学浅说	来新夏 著	
闲谈写对联	白化文 著	
汉字知识	郭锡良 著	
怎样使用标点符号(增订本)	苏培成 著	
汉字构型学讲座	王宁 著	

诗境浅说	俞陛云	著
唐五代词境浅说	俞陛云	著
北宋词境浅说	俞陛云	著
南宋词境浅说	俞陛云	著
人间词话新注	王国维 著	滕咸惠 校注
苏辛词说	顾 随 著	陈 均 校
诗论	朱光潜	著
唐五代两宋词史稿	郑振铎	著
唐诗杂论	闻一多	著
诗词格律概要	王 力	著
唐宋词欣赏	夏承焘	著
槐屋古诗说	俞平伯	著
词学十讲	龙榆生	著
词曲概论	龙榆生	著
唐宋词格律	龙榆生	著
楚辞讲录	姜亮夫	著
读词偶记	詹安泰	著
中国古典诗歌讲稿	浦江清 著 浦汉明 彭书麟	整理
唐人绝句启蒙	李霁野	著
唐宋词启蒙	李霁野	著
唐诗研究	胡云翼	著
风诗心赏	萧涤非 著 萧光乾 萧海川	编
人民诗人杜甫	萧涤非 著 萧光乾 萧海川	编
唐宋词概说	吴世昌	著
宋词赏析	沈祖棻	著
唐人七绝诗浅释	沈祖棻	著
道教徒的诗人李白及其痛苦	李长之	著
英美现代诗谈	王佐良 著 董伯韬	编
闲坐说诗经	金性尧	著
陶渊明批评	萧望卿	著

古典诗文述略	吴小如 著	
诗的魅力		
——郑敏谈外国诗歌	郑　敏 著	
新诗与传统	郑　敏 著	
一诗一世界	邵燕祥 著	
舒芜说诗	舒　芜 著	
名篇词例选说	叶嘉莹 著	
汉魏六朝诗简说	王运熙 著	董伯韬 编
唐诗纵横谈	周勋初 著	
楚辞讲座	汤炳正 著	
	汤序波　汤文瑞　整理	
好诗不厌百回读	袁行霈 著	
山水有清音		
——古代山水田园诗鉴要	葛晓音 著	
红楼梦考证	胡　适 著	
《水浒传》考证	胡　适 著	
《水浒传》与中国社会	萨孟武 著	
《西游记》与中国古代政治	萨孟武 著	
《红楼梦》与中国旧家庭	萨孟武 著	
《金瓶梅》人物	孟　超 著	张光宇 绘
水泊梁山英雄谱	孟　超 著	张光宇 绘
水浒五论	聂绀弩 著	
《三国演义》试论	董每戡 著	
《红楼梦》的艺术生命	吴组缃 著	刘勇强 编
《红楼梦》探源	吴世昌 著	
《西游记》漫话	林　庚 著	
史诗《红楼梦》	何其芳 著	
	王叔晖 图　蒙　木 编	
细说红楼	周绍良 著	
红楼小讲	周汝昌 著　周伦玲　整理	

曹雪芹的故事	周汝昌 著	周伦玲 整理
古典小说漫稿	吴小如 著	
三生石上旧精魂 ——中国古代小说与宗教	白化文 著	
《金瓶梅》十二讲	宁宗一 著	
中国古典小说十五讲	宁宗一 著	
古体小说论要	程毅中 著	
近体小说论要	程毅中 著	
《聊斋志异》面面观	马振方 著	
《儒林外史》简说	何满子 著	
我的杂学	周作人 著	张丽华 编
写作常谈	叶圣陶 著	
中国骈文概论	瞿兑之 著	
谈修养	朱光潜 著	
给青年的十二封信	朱光潜 著	
论雅俗共赏	朱自清 著	
文学概论讲义	老 舍 著	
中国文学史导论	罗 庸 著	杜志勇 辑校
给少男少女	李霁野 著	
古典文学略述	王季思 著	王兆凯 编
古典戏曲略说	王季思 著	王兆凯 编
鲁迅批判	李长之 著	
唐代进士行卷与文学	程千帆 著	
说八股	启 功 张中行 金克木 著	
译余偶拾	杨宪益 著	
文学漫识	杨宪益 著	
三国谈心录	金性尧 著	
夜阑话韩柳	金性尧 著	
漫谈西方文学	李赋宁 著	
历代笔记概述	刘叶秋 著	

周作人概观	舒芜 著	
古代文学入门	王运熙 著	董伯韬 编
有琴一张	资中筠 著	
中国文化与世界文化	乐黛云 著	
新文学小讲	严家炎 著	
回归，还是出发	高尔泰 著	
文学的阅读	洪子诚 著	
中国文学1949—1989	洪子诚 著	
鲁迅作品细读	钱理群 著	
中国戏曲	么书仪 著	
元曲十题	么书仪 著	
唐宋八大家 ——古代散文的典范	葛晓音 选译	

辛亥革命亲历记	吴玉章 著	
中国历史讲话	熊十力 著	
中国史学入门	顾颉刚 著	何启君 整理
秦汉的方士与儒生	顾颉刚 著	
三国史话	吕思勉 著	
史学要论	李大钊 著	
中国近代史	蒋廷黻 著	
民族与古代中国史	傅斯年 著	
五谷史话	万国鼎 著	徐定懿 编
民族文话	郑振铎 著	
史料与史学	翦伯赞 著	
秦汉史九讲	翦伯赞 著	
唐代社会概略	黄现璠 著	
清史简述	郑天挺 著	
两汉社会生活概述	谢国桢 著	
中国文化与中国的兵	雷海宗 著	
元史讲座	韩儒林 著	

魏晋南北朝史稿	贺昌群 著
汉唐精神	贺昌群 著
海上丝路与文化交流	常任侠 著
中国史纲	张荫麟 著
两宋史纲	张荫麟 著
北宋政治改革家王安石	邓广铭 著
从紫禁城到故宫——营建、艺术、史事	单士元 著
春秋史	童书业 著
明史简述	吴晗 著
朱元璋传	吴晗 著
明朝开国史	吴晗 著
旧史新谈	吴晗 著 习之 编
史学遗产六讲	白寿彝 著
先秦思想讲话	杨向奎 著
司马迁之人格与风格	李长之 著
历史人物	郭沫若 著
屈原研究(增订本)	郭沫若 著
考古寻根记	苏秉琦 著
舆地勾稽六十年	谭其骧 著
魏晋南北朝隋唐史	唐长孺 著
秦汉史略	何兹全 著
魏晋南北朝史略	何兹全 著
司马迁	季镇淮 著
唐王朝的崛起与兴盛	汪篯 著
南北朝史话	程应镠 著
二千年间	胡绳 著
论三国人物	方诗铭 著
辽代史话	陈述 著
考古发现与中西文化交流	宿白 著
清史三百年	戴逸 著

清史寻踪	戴　逸　著
走出中国近代史	章开沅　著
中国古代政治文明讲略	张传玺　著
艺术、神话与祭祀	张光直　著 刘　静　乌鲁木加甫　译
中国古代衣食住行	许嘉璐　著
辽夏金元小史	邱树森　著
中国古代史学十讲	瞿林东　著
历代官制概述	瞿宣颖　著
宾虹论画	黄宾虹　著
中国绘画史	陈师曾　著
和青年朋友谈书法	沈尹默　著
中国画法研究	吕凤子　著
桥梁史话	茅以升　著
中国戏剧史讲座	周贻白　著
中国戏剧简史	董每戡　著
西洋戏剧简史	董每戡　著
俞平伯说昆曲	俞平伯　著　陈　均　编
新建筑与流派	童　寯　著
论园	童　寯　著
拙匠随笔	梁思成　著　林　洙　编
中国建筑艺术	梁思成　著　林　洙　编
沈从文讲文物	沈从文　著　王　风　编
中国画的艺术	徐悲鸿　著　马小起　编
中国绘画史纲	傅抱石　著
龙坡谈艺	台静农　著
中国舞蹈史话	常任侠　著
中国美术史谈	常任侠　著
说书与戏曲	金受申　著
世界美术名作二十讲	傅　雷　著

中国画论体系及其批评	李长之 著	
金石书画漫谈	启 功 著	赵仁珪 编
吞山怀谷		
——中国山水园林艺术	汪菊渊 著	
故宫探微	朱家溍 著	
中国古代音乐与舞蹈	阴法鲁 著	刘玉才 编
梓翁说园	陈从周 著	
旧戏新谈	黄 裳 著	
民间年画十讲	王树村 著	姜彦文 编
民间美术与民俗	王树村 著	姜彦文 编
长城史话	罗哲文 著	
天工人巧		
——中国古园林六讲	罗哲文 著	
现代建筑奠基人	罗小未 著	
世界桥梁趣谈	唐寰澄 著	
如何欣赏一座桥	唐寰澄 著	
桥梁的故事	唐寰澄 著	
园林的意境	周维权 著	
万方安和		
——皇家园林的故事	周维权 著	
乡土漫谈	陈志华 著	
现代建筑的故事	吴焕加 著	
中国古代建筑概说	傅熹年 著	
简易哲学纲要	蔡元培 著	
大学教育	蔡元培 著	
	北大元培学院 编	
老子、孔子、墨子及其学派	梁启超 著	
春秋战国思想史话	嵇文甫 著	
晚明思想史论	嵇文甫 著	
新人生论	冯友兰 著	

中国哲学与未来世界哲学	冯友兰 著	
谈美	朱光潜 著	
谈美书简	朱光潜 著	
中国古代心理学思想	潘菽 著	
新人生观	罗家伦 著	
佛教基本知识	周叔迦 著	
儒学述要	罗庸 著	杜志勇 辑校
老子其人其书及其学派	詹剑峰 著	
周易简要	李镜池 著	李铭建 编
希腊漫话	罗念生 著	
佛教常识答问	赵朴初 著	
维也纳学派哲学	洪谦 著	
大一统与儒家思想	杨向奎 著	
孔子的故事	李长之 著	
西洋哲学史	李长之 著	
哲学讲话	艾思奇 著	
中国文化六讲	何兹全 著	
墨子与墨家	任继愈 著	
中华慧命续千年	萧萐父 著	
儒学十讲	汤一介 著	
汉化佛教与佛寺	白化文 著	
传统文化六讲	金开诚 著	金舒年 徐令缘 编
美是自由的象征	高尔泰 著	
艺术的觉醒	高尔泰 著	
中华文化片论	冯天瑜 著	
儒者的智慧	郭齐勇 著	
中国政治思想史	吕思勉 著	
市政制度	张慰慈 著	
政治学大纲	张慰慈 著	
民俗与迷信	江绍原 著	陈泳超 整理

政治的学问	钱端升 著 钱元强 编
从古典经济学派到马克思	陈岱孙 著
乡土中国	费孝通 著
社会调查自白	费孝通 著
怎样做好律师	张思之 著 孙国栋 编
中西之交	陈乐民 著
律师与法治	江 平 著 孙国栋 编
中华法文化史镜鉴	张晋藩 著
新闻艺术（增订本）	徐铸成 著
经济学常识	吴敬琏 著 马国川 编

中国化学史稿	张子高 编著
中国机械工程发明史	刘仙洲 著
天道与人文	竺可桢 著 施爱东 编
中国医学史略	范行准 著
优选法与统筹法平话	华罗庚 著
数学知识竞赛五讲	华罗庚 著
中国历史上的科学发明（插图本）	钱伟长 著

出版说明

"大家小书"多是一代大家的经典著作,在还属于手抄的著述年代里,每个字都是经过作者精琢细磨之后所拣选的。为尊重作者写作习惯和遣词风格、尊重语言文字自身发展流变的规律,为读者提供一个可靠的版本,"大家小书"对于已经经典化的作品不进行现代汉语的规范化处理。

提请读者特别注意。

北京出版社